Peter Stahlhut

Elf Märchen müsst ihr hören

Wundersame Geschichten
um den FC Schalke 04

VERLAG DIE WERKSTATT

Peter Stahlhut lebt als alleinerziehender Vater zweier Kinder im schönen Ennepetal und arbeitet als Bauingenieur in Hagen. Dieser „Märchenband" ist seine erste Buchveröffentlichung. Die Idee dazu entstand, als er seinen Jungs anhand eines Bilderbuchs immer wieder die Geschichte der „Drei kleinen Schweinchen" erzählt hat. Das Buch war dummerweise auf Italienisch geschrieben und so hat er das Märchen immer „frei" erzählen müssen. Auf den Bildern hatten die Schweinchen ein gelbes, ein rotes und ein blaues T-Shirt an, und wie der Zufall es wollte, war es das blaue das „Schalke-Schwein", welches so schlau war, seine Arena aus Stein zu bauen. Seine Kinder haben diese Art der Erzählung geliebt. Irgendwann kam ihm der Gedanke, auch andere Klassiker blau-weiß einzufärben.

Bibliografische Information der Deutschen Nationalbibliothek:
Die Deutsche Nationalbibliothek verzeichnet diese Publikation in der Deutschen Nationalbibliografie; detaillierte bibliografische Daten sind im Internet über http://dnb.d-nb.de abrufbar.

Auch als E-Book erhältlich: ISBN 978-3-7307-0030-3

4. Auflage 2017

Lotzestraße 22a, D-37083 Göttingen
www.werkstatt-verlag.de

Satz und Gestaltung: Verlag Die Werkstatt
Druck und Bindung: Westermann Druck Zwickau

ISBN 978-3-7307-0017-4

FSC
www.fsc.org
MIX
Papier aus verantwortungsvollen Quellen
FSC® C110508

Inhalt

Thonröschen

Es war einmal ein Präsident und sein Manager, die sagten sich jeden Tag: „Ach, wenn wir doch einen jungen Wunderstürmer aus der eigenen Nachwuchsarbeit hätten!“, aber nie war ein Ausnahmetalent in der eigenen Jugend dabei. Da trug es sich zu, als der Präsident einmal ein sprudelndes Entmüdungsbad im Kabinentrakt der Arena nahm, dass eine Putzfrau, die in den Katakomben gerade die Mülleimer leerte, zu ihm kam und sprach: „Dein Wunsch wird in Erfüllung gehen: Noch in diesem Jahr wird zu euren Mini-Kickern ein Junge kommen, dessen Talent noch bei Weitem größer ist als das von Messi, Ronaldo und Pelé zusammen.“

Was die Putzfrau prophezeit hatte, trat tatsächlich ein, und der Manager verpflichtete einen außergewöhnlich begabten sechsjährigen Knaben. Der Präsident war so begeistert, als er ihn das erste Mal am Ball sah, dass er für alle Freunde, Bekannten, Vereinsmitglieder und Fans bei der großen Saisoneröffnungsparty Freibier spendierte. Aber nicht nur das, er lud sogar die Fußball-Nationalmannschaft ein, damit sie dem Jungen Glück wünschen und vielleicht ein paar Tricks zeigen könnte. Dummerweise hatte er aber nur zehn Plätze in seiner Loge, und so musste einer der elf Elitekicker zu Hause bleiben.

Die Party stieg mit allem Brimbamborium, das man sich nur denken kann, und als sie zu Ende war, beschenkten die Nationalspieler den Kleinen mit Autogrammkarten, Trikots und Fußbällen und gaben ihm wertvolle Tipps: Der eine zeigte ihm das Geheimnis eines sauberen Tacklings, der andere die Kunst des Freistoßschießens, der dritte den Fallrückzieher – eben alles, was man als kompletter Spieler von heute so braucht.

Als neun ihre Tricks an den kleinen Mann gebracht hatten, erschien plötzlich der Elfte auf der Bildfläche. Er wollte sich dafür rächen, dass er keine Einladung erhalten hatte, und ohne irgendjemanden zu grüßen oder auch nur eines Blickes zu würdigen, rief er mit lauter Stimme: „Der Wunderknabe soll sich in seiner ersten Saison als Profi am Kopfballpendel eine Hirnblutung holen und tot umfallen!“ Ohne ein weiteres Wort zu verlieren, drehte er sich wieder um und verließ die Arena in Richtung Lüdenscheid. Alle waren geschockt, da trat der Zehnte hervor, der seine Tricks und Wünsche noch nicht weitergegeben hatte, und weil er den schwarz-gelben Fluch nicht aufheben, sondern nur mildern konnte, so sagte er: „Er soll aber nicht gleich tot sein, sondern nur in einen 100-jährigen Schlaf fallen."

Der Präsident, der seinen Wunderspieler, als auch den ganzen Verein, vor dem Unglück bewahren wollte, ließ sofort alle Kopfballpendel vom Vereinsgelände entfernen. Die Jahre vergingen, und alle Tricks, die die Nationalspieler dem Jungen gezeigt hatten, gelangten bei ihm zur Perfektion: Fallrückzieher wie Klaus Fischer, Einsatz wie Yves Eigenrauch, Flanken wie Jörg Böhme und die Übersicht eines Olaf Thon. Ihm beim Spielen zuzusehen war die reinste Freude.

Es geschah, dass der Präsident und sein Manager einen Sponsorentermin wahrnehmen mussten, just am ersten Spieltag der Saison, in der der Junge erstmalig in den Profikader berufen worden war, noch am Morgen vor dem Anpfiff. Der Junge wandelte also alleine über das Vereinsgelände und durch die Gänge der Arena und sah sich in Ruhe die Kapelle, die Fressbuden und Fanshops an. Er schritt am Museum entlang und kam schließlich zum alten Parkstadion. Er ging hinein, die alte Rolltreppe herunter, und als er um die Ecke bog, war da ein alter Mann im Trainingsanzug, der emsig um ein Kopfballpendel herumsprang.

„Glück auf", sprach der jugendliche Kicker, „was machst du da?" „Ich übe das Kopfballspiel", antwortete der Alte und nickte mit dem Kopf. „Was ist das für ein Ding, mit dem du da so lustig herumspielst?", fragte der Junge neugierig und ging zu dem Pendel hinüber, um ebenfalls ein paar Kopfbälle zu probieren. Kaum hatte er aber den ersten Ball angerührt, so ging der Zauberspruch in Erfüllung, und die Erschütterung seines Kopfes verursachte die prophezeite Hirnblutung.

Er taumelte noch einige Schritte, dann sank er auf der ehemaligen Ersatzbank nieder und fiel in eine tiefe Bewusstlosigkeit. Der verwunschene Schlaf breitete sich über das ganze Vereinsgelände aus. Der Präsident und der Manager, die eben heimgekommen waren und ihre Büros betreten hatten, schliefen ein und alle Mitarbeiter der Geschäftsstelle mit ihnen. Auch die Kampfschweine und Wadenbeißer auf, die Kiebitze neben sowie die Maulwürfe unter dem Trainingsplatz schliefen einfach ein. Selbst die Phosphatwürstchen auf dem Grill hörten auf zu brutzeln, und das Bier aus den Leitungen der Arena hörte auf zu sprudeln. Der Co-Trainer, der gerade ein paar Bankdrücker aufgrund ihrer konditionellen Schwächen mit Medizinbällen triezen wollte, ließ seine Trillerpfeife sinken und nickte ein. Und der Wind legte sich, und sogar das Rauschen im Blätterwald der Medien verstummte.

Rings um das Vereinsgelände aber begann eine Dornenhecke zu wachsen, die jedes Jahr höher wurde und schließlich das ganze Berger Feld umzog und darüber hinauswucherte, so dass nichts mehr davon zu sehen war, nicht einmal das große Vereinswappen auf dem Dach der Geschäftsstelle. Es ging aber im Pott die Sage vom schlafenden Wunderspieler Thonröschen um, denn so wurde der junge Kicker von den Leuten genannt, so dass von Zeit zu Zeit Trainer und Scouts von namhaften europäischen Vereinen kamen und versuchten, durch die Hecke zum Vereinsgelände vorzudringen. Aber keiner von ihnen schaffte es, denn die schwarzen Dornen krallten sich so fest wie Zecken, und die Trainer blieben darin hängen, konnten sich aus eigener Kraft nicht wieder befreien und starben eines jämmerlichen Todes.

Nach vielen, vielen Jahren kam wieder einmal ein junger Trainer in den Pott und hörte, wie ein alter Bergmann von der Dornenhecke erzählte: Es sollte eine herrliche Arena dahinter stehen, in welcher ein Jahrhunderttalent von Fußballer, Thonröschen genannt, schon seit 100 Jahren schliefe, und mit ihm schliefe auch der Präsident und der Manager des Vereins sowie die komplette Belegschaft der Geschäftsstelle. Er wusste auch von seinem Opa, dass schon viele Trainer und Scouts gekommen wären und versucht hätten, durch die Dornenhecke zu dringen, aber sie wären allesamt darin hängen geblieben und eines traurigen Todes gestorben. Da sprach der Trainer: „Das schockt mich nicht, ich will unbedingt dahin und mir diesen Thonröschen ansehen.“ Der Alte konnte noch so sehr versuchen, ihm die Sache wieder auszureden, es war zwecklos, der Trainer wollte einfach nicht hören.

Just an diesem Morgen waren die verfluchten 100 Jahre um, und der Tag war gekommen, wo Thonröschen wieder erwachen sollte. Als der furchtlose Trainer sich der Dornenhecke näherte, fielen die schwarzen Stacheln ab, und es erblühten lauter blaue und weiße Blüten, die taten sich von selbst auseinander und ließen ihn unbehelligt hindurch, und hinter ihm taten sie sich wieder als eine Hecke zusammen. Auf dem Trainingsplatz sah er die Kampfschweine und Wadenbeißer liegen und schlafen, am Spielfeldrand hingen die Kiebitze schnarchend überm Zaun. Der Co-Trainer hatte die Pfeife noch im Mund und hielt einen Medizinball drohend über dem Kopf, als wolle er ihn auf die schlummernden Bankdrücker vor sich auf dem Boden werfen.

Da ging er weiter und sah auf der Geschäftsstelle sämtliche Mitarbeiter liegen und schlafen, und oben in den geräumigen Büros lagen der Vereinspräsident und der Manager. Da ging er noch weiter, und alles war so still, dass man eine Stecknadel auf den Rasen hätte fallen hören können. Schließlich kam er ins alte Parkstadion, ging die Rolltreppe hinunter und kam an den Platz, wo Thonröschen schlief. Da lag er, in seinem königsblauen Dress, und sah so fit aus, als könne er von jetzt auf gleich den entscheidenden Elfmeter im WM-Finale schießen.

Der Trainer rollte ihm einen Ball zu, und sowie dieser seinen Fuß berührt hatte, schlug Thonröschen die Augen auf und blickte ihn ganz freundlich an. Zusammen fuhren sie die Rolltreppe hinauf und gingen hinüber zum Trainingsgelände. Der Präsident wachte ebenfalls auf, und auch der Manager sowie die gesamte Belegschaft der Geschäftsstelle erwachten und sahen einander mit großen Augen an. Und die Kampfschweine auf dem Platz standen auf und schüttelten ihre Beine aus, die Wadenbeißer sprangen auf und streckten sich, die Kiebitze hinterm Zaun erhoben sich und begannen direkt wieder zu diskutieren. Der Grill erhitzte sich, und die Phosphatwürste fingen an zu brutzeln, das Bier wieder an zu sprudeln, und der Co-Trainer trieb mit seiner Pfeife und dem Medizinball die Bankdrücker bis zur totalen Erschöpfung.

Und da wurden langjährige Verträge gemacht mit Thonröschen und dem jungen Trainer, und gemeinsam bauten sie eine Mannschaft auf, die nach über 100 Jahren die Meisterschaft endlich wieder nach Hause brachte, ins schöne Gelsenkirchen, auf Schalke, dem geilsten Klub der Welt! Und wenn sie nicht gefeuert oder wegen horrender Ablösesummen verkauft wurden, dann spielen sie da noch heute.

Die drei kleinen Schalker

Es war einmal eine alte Sau, die hatte drei kleine Schweinchen. Die Schweinchen aßen und aßen, und irgendwann waren sie so groß, dass das Haus, in dem sie alle wohnten, zu klein wurde. Da sagte Mama Schwein zu ihren Kleinen: „Jungs, ich hab euch lieb, keine Frage, aber ihr könnt nicht ewig bei mir am Rockzipfel hängen. Ihr müsst raus in die Welt und sich jeder sein eigenes Haus bauen." Und so schickte sie die drei in die große, weite Welt hinaus.

Das erste Schweinchen, das Borussen-Schwein, begegnete auf seinem Weg einem Mann mit einem Bündel Stroh. Wie die Schwarz-Gelben nun mal sind, nur auf den schnellen Erfolg aus, mit möglichst geringem Aufwand, sagte es zu dem Mann: „Ey Alter, gib mir dein Stroh. Ich will mir eine

Arena bauen und hab kein Material.“ Da antwortete der Mann: „Is’ ok, aber gib mir dafür deinen schwarz-gelben Schal, damit ich was hab, wenn’s im Winter kalt wird.“ Da gab ihm das Schweinchen seinen Schal. Der Alte gab ihm dafür das Stroh, und da dieses ganz leicht war, war das Haus auch schnell gebaut, mit einem großen Haupteingang vorne und, wie es die Brandschutzauflagen vorschrieben, einem kleinen Notausgang hinten. Dann schaute das Schweinchen sein Strohhaus an, taufte es auf den Namen „Signal-Iduna-Park“ und sang:

„Heja, heja, BVB.
Ich hab ein schönes Haus aus Stroh,
da bin ich sicher und ganz froh.
Und kommt der böse Wolf daher,
dann lach ich, das ist gar nicht schwer.“

Das zweite Schweinchen, das Bayern-Schwein, begegnete auf seinem Weg einem Mann, der ein Bündel Holz trug. Ganz der bayerischen Devise „Was ich sehe, will ich auch haben, bevor es noch jemand anders kriegt“ folgend, sagte es zu dem Mann: „Ey Alter, gib mir dein Holz. Ich will mir eine Arena bauen und hab kein Material." Der Mann aber sagte: „Geht klar, aber gib mir dafür deine Bayern-Kappe, damit mich im Sommer die Sonne nicht mehr so blendet." Da gab ihm das Schweinchen seine rote Kappe. Der Alte gab ihm dafür das Holz, und da im Süden der Republik niemand die Zeit dafür bekommt, in Ruhe etwas aufzubauen, wurde die Hütte auch nur schnell zusammengehauen, mit einem großen Haupteingang vorne und, ganz so, wie es die Notfall-Evakuierungspläne vorschrieben, einem kleinen Notausgang hinten. Dann schaute das Schweinchen sein Holzhaus an, taufte es auf den Namen „Allianz-Arena" und sang:

„FC Bayern, forever number one.
Ich hab ein schönes Haus aus Holz,
da bin ich sicher und ganz stolz.
Und kommt der böse Wolf daher,
dann lach ich, das ist gar nicht schwer."

Das dritte Schweinchen, das Schalke-Schwein, begegnete auf seinem Weg einem Mann, der einen Karren voller Ziegelsteine hinter sich herzog. In bester königsblauer Tradition, nachhaltig zu wirtschaften und langfristig etwas von Wert zu schaffen, sagte es zu dem Mann: „Ey Alter, gib mir doch bitte deine Steine. Ich will mir eine Arena bauen und hab kein Material." Der Mann antwortete: „Deal, aber gib mir dafür dein Schalke-Trikot, damit ich immer gut aussehe." Das Schweinchen zögerte, gab dem Mann aber schließlich schweren Herzens seinen königsblauen Dress. Der Alte gab ihm dafür die Steine, und es dauerte mehrere Tage, bis das neue Heim fertig gestellt, dafür aber auch zu einem echten Schmuckkästchen geraten war, mit großem Haupteingang vorne und, den modernsten Ansprüchen genügend, einem kleinen Notausgang hinten. Dann schaute das Schweinchen sein massives Steinhaus an, taufte es auf den Namen „Veltins-Arena" und sang:

„Schalke 04, Liebe im Revier.
Ich hab ein schönes Haus aus Stein,
da bin ich sicher, das ist fein.
Und kommt der böse Wolf daher,
dann lach ich, das ist gar nicht schwer."

So lebte nun jedes Schweinchen in seinem eigenen kleinen Haus, und jedes war glücklich und zufrieden. Doch eines Tages kam der Schurke aus dem fernen Wolfsburger Wald, klopfte an das Haupttor des „Signal-Iduna-Parks" und rief: „Hey, du kleines Dortmund-Schwein, lass mich sofort zu dir rein!" Das Schweinchen aber antwortete: „Bin ganz allein, bin ganz allein, verpfeif dich, ich lass dich nicht rein." Da sprach der Wolf: „Na warte. Ich werde strampeln und trampeln, ich werde husten und prusten und dir dein doofes Haus wegpusten." Und der Wolf strampelte und trampelte, er hustete und prustete und pustete schließlich den ganzen „Signal-Iduna-Park" zusammen. Aber das kleine Schweinchen war nicht mehr da. Es war hinten durch den Notausgang zu seinem Bruder, dem Bayern-Schwein ins Holzhaus gelaufen.

Da ging der Wolf zur „Allianz-Arena", klopfte vorne ans Haupttor und rief: „Hey, du kleines Bayern-Schwein, lass mich sofort zu dir rein!" Das zweite Schweinchen aber antwortete: „Bin ganz allein, bin ganz allein, verpfeif dich, ich lass dich nicht rein." Da sprach der Wolf: „Na warte. Ich werde strampeln und trampeln, ich werde husten und prusten und dir dein doofes Haus wegpusten." Und der Wolf strampelte und trampelte, er hustete und prustete und pustete schließlich die ganze „Allianz-Arena" zusammen. Aber die zwei kleinen Schweinchen waren nicht mehr da, denn sie waren hinten durch den Notausgang zu ihrem Bruder, dem Schalke-Schwein, ins Ziegelhaus gelaufen.

Da ging der Wolf zur „Veltins-Arena“, klopfte vorne an das große Tor und rief: „Hey, du kleines Schalke-Schwein, lass mich sofort zu dir rein!“ Das dritte Schweinchen aber antwortete: „Bin ganz allein, bin ganz allein, verpfeif dich, ich lass dich nicht rein.“ Da sprach der Wolf: „Na warte. Ich werde strampeln und trampeln, ich werde husten und prusten und dir dein doofes Haus wegpusten.“ Und der Wolf strampelte und trampelte, er hustete und prustete, aber er konnte die „Veltins-Arena“ einfach nicht zusammenpusten. Da wurde er schrecklich zornig und brüllte: „Warte nur, gleich hab ich dich!“, und machte sich daran, das Haus hinaufzuklettern, um durch das große Schiebedach ins Haus zu gelangen. Als die drei Schweinchen merken, was der Wolf im Sinne hatte, fragte das erste Schweinchen panisch: „Was sollen wir nur tun?“ Das zweite Schweinchen stammelte: „Wir sind verloren. Wir sind verloren.“

Aber das dritte Schweinchen sprach: „Unsinn! Steht auf, wenn ihr Schalker seid.“ Mit diesen Worten forderte er seine Brüder auf, ihre Dortmund- und Bayern-Trikots auszuziehen. Er packte die Shirts in den Mittelkreis und zündete damit ein Feuer an. In diesem Moment seilte sich der Wolf auch schon vom Videowürfel hinunter und verbrannte sich an den Flammen dermaßen den Hintern, dass er unter lautem Geheule, wie eine Feuerwerksrakete, nach oben schoss. Anschließend rannte er mit rauchendem Schwanz so weit weg, wie er nur konnte, und wurde nie wieder gesehen. Da tanzten die drei kleinen Schweinchen vor Freude um den Mittelkreis herum und sangen:

„Der Wolf ist fort, der Wolf ist fort,
Auf Schalke ist ein sicherer Ort."

Daraufhin schworen das Dortmund- und das Bayern-Schwein ihren nutzlosen Farben ab und wurden ebenfalls Schalker. Sie besorgten sich einen Haufen Ziegelsteine und bauten ihre Häuser mit Hilfe ihres Bruders nach den Plänen der Veltins-Arena wieder auf, und fortan lebten alle drei glücklich und zufrieden.

Rumpelfußball

Es war einmal ein armer Bergmann, der hatte einen Sohn, der war Fußballtrainer und, so wie er, ein Schalker. Eines Tages, der Zufall wollte es so, kam er mit dem Präsidenten des DFB ins Gespräch, und um vor ihm besser dazustehen, sagte er zu ihm: „Ich habe einen Sohn, der ist Trainer, der kann aus jedem Amateur einen Nationalspieler machen.“ Der Verbandspräsident sprach zum Schalker: „Das würde mir gefallen. Wenn dein Sohn das wirklich draufhat, so wie du sagst, dann bring ihn morgen zu mir in die DFB-Zentrale, da werd ich ihn mal testen.“

Als nun der junge Mann zu ihm gebracht ward, führte er ihn in die Commerzbank-Arena nebenan, voll mit unfähigen Frankfurter Balltretern, gab ihm eine Pfeife und einen Fußball und sprach: „Jetzt mach dich an die Arbeit, und wenn du diese Amateure hier bis morgen früh nicht zu

Nationalspielern gemacht hast, so werde ich dir deine Trainerlizenz entziehen." Darauf schloss der Präsident die Arena selbst zu und ließ den Trainer allein mit den Spielern zurück.

Da saß nun der arme Schalker und hatte keine Ahnung, wie er seine noch junge Trainerkarriere retten sollte. Er verstand rein gar nichts davon, Amateure auf das Niveau von Nationalspielern zu bringen, und mit jeder Minute bekam er mehr Angst, bis er schließlich vor lauter Verzweiflung leise – und so weit abseits, dass ihn niemand von den Spielern sehen konnte – zu weinen anfing.

Da ging auf einmal die Tür auf, und ein kleines, schwarz-gelb gekleidetes Männchen trat herein und sprach: „Guten Abend allerseits. Warum heulst du so?" – „Ach", antwortete der junge Mann und deutete auf den Platz mit den Frankfurter Würstchen, „ich soll diese Amateure hier über Nacht zu Nationalspielern machen und habe keinen Plan, wie ich das anstellen soll." Sprach der Borusse: „Was gibst du mir, wenn ich sie dahin bringe?" – „Mein neues Smartphone", sagte der junge Schalker.

Das schwarz-gelbe Männlein nahm das Handy, trat damit vor die Frankfurter Kicker und – Hacke, Spitze, eins, zwei, drei, viermal in die Pfeife getrillert – gab es ein knallhartes Konditionsprogramm mit Zirkeltraining und Medizinbällen. Dann holte er eine Tafel hervor und – Hacke, Spitze, eins, zwei, drei, viermal in die Pfeife getrillert – gab es eine ordentliche Taktikschulung über das Verhalten in der Viererkette, knallhartes Pressing und das Spiel ohne Ball.

So ging es weiter bis zum Morgen, da war den Frankfurtern alles Amateurhafte ausgetrieben. Sie waren taktisch auf der Höhe, fit wie ein Turnschuh, und ihre Ballbehandlung war geradezu brasilianisch. Bei Sonnenaufgang kam schon der DFB-Präsident, und als er die Spieler sah und wie sie mit dem Ball umgingen, da staunte er und freute sich, aber sein Herz wurde nur noch gieriger, und er sah schon die EM- und WM-Trophäen in seiner Vitrine. Er ließ den Sohn des Schalkers in ein anderes großes Stadion bringen, das Rhein-Energie-Stadion, wo die Kölner noch weniger mit dem Ball anzufangen wussten als die Frankfurter zuvor, und der Präsident befahl ihm, auch diese Dilettanten in einer Nacht zu Nationalspielern zu formen, wenn ihm sein Job lieb wäre.

Der junge Mann wusste sich nicht zu helfen und weinte wieder im Verborgenen, da ging abermals die Tür auf und der kleine Borusse erschien und sprach: „Was gibst du mir, wenn ich dir diese Amateure zu Nationalspielern mache?" – „Mein

Auto, ist zwar nur ein Gebrauchtwagen, hat mich aber nie hängen lassen", antwortete der junge Trainer. Das schwarz-gelbe Männchen nahm das Auto, und – Hacke, Spitze, eins, zwei, drei, viermal in die Pfeife getrillert – hatte es die Kölner Narren bis zum Morgen auf Nationalmannschafts-Niveau gepuscht.

Der Präsident freute sich über alle Maßen bei dem Anblick, hatte aber immer noch nicht genug. Also ließ er den Sohn des Schalkers in ein noch größeres Stadion bringen, die Allianz-Arena, und sprach mit Blick auf die völlig talentfreien Münchner Ballathleten: „Die musst du in dieser Nacht noch auf Vordermann bringen. Gelingt es dir aber, so sollst du offiziell Bundestrainer werden." Wenn's auch nur der Sohn eines armen Bergmanns ist, dachte er, einen besseren Trainer finde ich auf der ganzen Welt nicht.

Als der junge Mann allein war, kam das schwarz-gelbe Männlein zum dritten Mal wieder und sprach: „Was gibst du mir, wenn ich dir auch die Kicker hier trainiere?" – „Ich habe nichts mehr, das ich dir geben könnte", antwortete der Schalker. „So versprich mir, wenn du Bundestrainer wirst, deinen ersten Schalker Nationalspieler." Wer weiß, wohin das noch führen soll, dachte der Sohn des Schalkers und wusste sich in seiner Not auch nicht anders zu helfen: Er versprach also dem Borussen, was dieser verlangte, und das schwarz-gelbe Männchen machte abermals aus unfähigen Amateuren Nationalspieler. Und als nun morgens der DFB-Präsident kam und alles so vorfand, wie er es sich gewünscht hatte, so setzte er eine Pressekonferenz an und gab die Verpflichtung des bis dato in der Öffentlichkeit noch völlig unbekannten Schalkers als neuen Bundestrainer bekannt.

Ein Jahr später nominierte er mit Stolz seinen ersten Schalker Spieler für ein Länderspiel. Der Trainer hatte den Borussen längst vergessen, da trat dieser plötzlich in die Kabine und sprach: „Nun gib mir, was du versprochen hast." Der Bundestrainer erschrak und bot dem schwarz-gelben Männlein alle Reichtümer und Positionen an, die der DFB zu bieten hatte, wenn er ihm den Stürmer nur lassen wollte. Aber der Borusse sprach: „Nein, ein lebender, echter Spieler ist mir lieber als alle Trophäen dieser Welt." Da fing der Bundestrainer an, schrecklich zu jammern und zu lamentieren bei dem Gedanken, dass sein Schalker Jung ein Borusse werden sollte, bis das Männchen schließlich Mitleid mit ihm hatte: „Drei Tage, bis zum Ende der Transferperiode, will ich dir Zeit lassen", sprach es, „wenn du bis dahin meinen

Namen weißt, so soll der Spieler ein Schalker bleiben."

Die ganze Nacht lang dachte der Bundestrainer an alle Namen, die er jemals gehört hatte, und telefonierte mit jedem Scout rund um den Globus. Sie sollten sich erkunden nach jedem Namen, den es sonst noch gäbe. Als am nächsten Tag der Borusse kam, fing er an mit Szepan, Kuzorra, Libuda, Thon und sagte nacheinander alle Namen auf, die ihm einfielen, aber bei jedem sprach das schwarzgelbe Männlein: „Nein, so heiß ich nicht."

Am zweiten Tag erkundigte er sich im Süden der Republik, wie die Leute da genannt würden, und sagte dem Borussen die ungewöhnlichsten und seltsamsten Namen vor: „Heißt du vielleicht Schweinsteiger oder Badstuber oder Beckenbauer?" Aber er antwortete immer: „Nein, so heiß ich nicht." Am dritten Tag rief ein Scout auf dem Handy zurück und erzählte: „Neue Namen habe ich keinen einzigen finden können, aber wie ich an einem alten Ascheplatz vorbeikomme, wo schon lange kein Ball mehr gekickt wurde, da sah ich eine kleine Baracke, und vor der Baracke brannte ein Feuer, und um das Feuer sprang ein gar zu lächerliches Männchen im schwarz-gelben Trikot herum, das hüpfte auf einem Bein und schrie:

„Heja, heja BVB,
heute holz ich, morgen bolz ich,
übermorgen hol ich dem Bundestrainer
seinen Kicker;
Ach, wie gut, dass niemand weiß,
dass ich Rumpelfußball heiß!"

Da kann man sich vorstellen, wie erleichtert der Bundestrainer war, als er den Namen hörte, und als kurz darauf der Borusse hereintrat und fragte: „Nun, Herr Bundestrainer, wie heiß ich?", fragte er erst: „Heißt du Kuntz?" – „Nein." – „Heißt du vielleicht Kalz?" – „Nein!" – „Heißt du etwa Rumpelfußball?" – „Das hat dir der Teufel gesagt, das hat dir der Teufel gesagt!", schrie das schwarzgelbe Männchen und stieß mit den Stollen unter seinem rechten Fußballschuh vor Zorn so tief in die Erde, dass es bis zu den Adduktoren hineinfuhr. Dann packte es in seiner Wut seinen schwachen linken Fuß mit beiden Händen und riss sich selbst mitten entzwei.

Hans im Glück

Hans hatte sieben Jahre in der Primera Division gespielt. Meisterschaft, Pokal, Champions League – alles hatte er gewonnen. Eines Tages ging er zu seinem Präsidenten und sprach: „Senior, meine Zeit ist um. Ich will wieder heim, nach Gelsenkirchen, zu meiner Mutter, gebt mir meinen Lohn." Der Präsident antwortete: „Du hast immer Topleistung gebracht, auf und neben dem Platz, warst nie verletzt, kamst nie zu spät aus dem Urlaub, hast nie eine Stammplatz-Garantie gefordert und dich stets in den Dienst der Mannschaft gestellt. Wie dein Spiel war, so soll auch dein Lohn sein", und gab ihm ein Stück Gold, so groß wie die Trophäe der Champions League. Hans holte die Sporttasche aus seinem Spind, packte das Gold hinein, hing sie um seine Schulter und machte sich auf den Weg nach Hause.

Wie er so dahinging und immer ein Bein vor das andere setzte, begegnete er einem Reiter, der frisch und fröhlich auf einem Gladbacher Fohlen vorbeitrabte. „Ach“, sprach Hans ziemlich laut, „echt 'ne coole Sache das Reiten! Is' wie auf 'ner Couch, man läuft sich die Hacken nicht wund, spart seine Turnschuhe und kommt vorwärts, ohne recht zu wissen wie.“ Der Reiter hatte ihn gehört, hielt an und rief: „Ey Hans, warum gehst du auch zu Fuß?“ – „Muss ich ja wohl, der Jet war besetzt“, antwortete er, „außerdem muss ich einen Mordsklumpen nach Hause schleppen – ist zwar Gold, aber ich kann den Kopf kaum noch gerade halten, außerdem bringt mich mein Rücken fast um.“ – „Weißt du was“, sagte der Reiter, „lass uns tauschen, ich gebe dir mein Fohlen, und du gibst mir deinen Klumpen.“ – „Ist gebongt“, sprach Hans, „aber eins sag ich dir, das Ding ist echt heavy.“ Der Reiter stieg ab, nahm die Tasche mit dem Gold und half Hans hinauf. Er gab ihm die Zügel fest in die Hand und sprach: „Wenn's schnell gehen soll, so musst du mit der Zunge schnalzen und ‚Vorwärts Gladbach, kämpfen und siegen‘ rufen.“

Hans war total happy, als er auf dem Pferdchen saß und locker flockig daherritt. Nach einiger Zeit fand er, es könne ruhig etwas schneller gehen, und er fing an, mit der Zunge zu schnalzen und rief: „Vorwärts Gladbach, kämpfen und siegen!" Das Fohlen setzte sich in starken Trab, und ehe sich's Hans versah, war er abgeworfen und lag im Straßengraben. Das Pferdchen wäre wohl ganz durchgegangen, wenn es nicht ein Tierpfleger aufgehalten hätte, der des Weges kam und das Duisburger Zebra mit sich an der Leine führte. Hans stellte fest, dass er sich nichts gebrochen hatte, und stand wieder auf. Aber er war stocksauer und sagte zu dem Tierpfleger: „Was für ein Bockmist das Reiten, vor allem wenn man so einen Gaul abkriegt wie ich hier, der einen bockend abwirft, da kann man sich ja den Hals brechen. Keine zehn Pferde kriegen mich da wieder rauf. Da lob ich mir dein Zebra, da kann man gemütlich hinterhergehen, während man durch Europa zieht, und obendrein noch etwas Geld kriegen, wenn es sich Menschen ansehen möchten. Was würde ich dafür geben, wenn ich so ein Zebra hätte!" – „Na", sprach der Tierpfleger, „wenn es dich so glücklich macht, will ich mein Zebra gegen dein Fohlen eintauschen." Hans willigte begeistert ein. Und so schwang sich der Tierpfleger auf das Pferdchen und ritt eilig davon.

Hans trieb sein Zebra ruhig vor sich her und dachte über seinen glücklichen Handel nach.

„Wow, sobald ein paar Leute mein Zebra sehen, hab ich Geld, um mir so viel Pommes, Burger und Eis zu kaufen, wie ich will. Kann man sich mehr wünschen?“ Als er wenig später zu einer Kneipe kam, machte er halt und aß in seiner Freude noch schnell seinen gesamten Proviant auf und gab sein letztes bisschen Geld für ein Bier aus. Aber es waren kaum Leute in der Bar, die sein Zebra sehen, geschweige denn Geld dafür bezahlen wollten, und so trieb er daraufhin sein Zebra weiter Richtung Heimat. Als es auf den Mittag zuging, wurde es heißer und drückender. Die nächste Stadt war noch ein gutes Stück entfernt und Hans bekam schrecklichen Durst. Schließlich hatte das Zebra keine Lust mehr weiterzugehen und blieb mitten auf der Straße stehen. Hans versuchte zu ziehen, dann zu schieben, aber nichts bewegte sich. Und weil er sich so ungeschickt dabei anstellte, gab ihm das sture Tier schließlich mit einem seiner Hinterläufe einen solchen Tritt vor den Kopf, dass er zu Boden taumelte und k.o. ging.

Glücklicherweise kam gerade ein Metzger des Weges, der auf einem Schubkarren den Kölner Geißbock liegen hatte. „Was ist dir denn passiert?“, rief er und half dem guten Hans auf. Hans erzählte, was vorgefallen war. Der Metzger reichte ihm seine Flasche und sprach: „Trink erst mal und erhol dich. Zebras taugen nicht für eine Tour durch Europa und Eintritt will dafür auch keiner bezahlen. Wenn's gut läuft, reicht's für den Zoo, wenn nicht, bleibt nur noch das Schlachten." – „Herrje", sprach Hans und raufte sich die Haare, „wer hätte das gedacht! Schon praktisch, wenn man so ein Tier selbst schlachten kann, da hat man reichlich Fleisch. Aber ich mach mir nichts aus exotischer Küche. Ich steh mehr auf gut bürgerlich. Wenn ich eine so schöne Ziege hätte! Die schmeckt schon anders. Dazu noch der Schal um den Hals für den Winter." – „Hör zu, Hans", sprach der Metzger, „dir zuliebe will ich tauschen und dir den Kölner Geißbock für das Duisburger Zebra lassen." – „Gott sei mit dir", sprach Hans, übergab ihm das Zebra, ließ sich den Geißbock vom Karren machen und den Strick, womit er festgebunden war, in die Hand geben.

Hans zog weiter und dachte darüber nach, wie sehr bei ihm doch alles nach Wunsch liefe. Tauchte ein Problem auf, so wurde es sogleich gelöst. Kurz darauf gesellte sich ein junger Bursche zu ihm, der einen schönen Adler auf dem Arm trug. Sie zogen eine Zeit lang zusammen weiter und Hans fing an, von seinem Glück zu erzählen und davon, wie vorteilhaft er immer getauscht hatte. Der Bursche erzählte ihm, dass er den Adler als neuen Wappenvogel zur Frankfurter Eintracht brächte. „Sieh mal", sagte er, „wie majestätisch dieser Flieger aussieht. Als Maskottchen macht der doch echt was her." – „Ja", sprach Hans und betrachtete den Vogel von allen Seiten, „sieht echt stolz aus. Aber mein Geißbock wäre auch ein prima Wappentier."

Währenddessen sah sich der Bursche die ganze Zeit besorgt nach allen Seiten um und schüttelte leicht den Kopf. „Hör zu", fing er daraufhin an, „mit deinem Geißbock stimmt was nicht. In der Stadt, durch die ich gerade gekommen bin, ist eben dem 1. FC seiner gestohlen worden. Ich fürchte, du hast da gerade Hennes VIII. an der Hand. Sie haben schon Leute losgeschickt, die nach ihm suchen sollen, es wäre eine dumme Sache, wenn sie dich hier mit ihm erwischen. Wenn du Glück hast, wirst du bloß verwemmst." Dem guten Hans wurde angst und bange. „Verdammt", sprach er, „kannst du mir helfen? Du kennst dich hier in der Gegend besser aus als ich. Nimm meinen Ziegenbock und lass mir deinen Adler." – „Ich muss verrückt sein", antwortete der Bursche, „aber ich will's nicht gewesen sein, wenn du deswegen aufgemischt wirst oder gar Schlimmeres." Er nahm also das Seil in die Hand und trieb den Geißbock schnell über eine Seitenstraße fort; der gute Hans aber ging erleichtert mit dem Adler auf dem Arm weiter Richtung Heimat. „Wenn ich richtig darüber nachdenke“, sagte er zu sich selbst, „habe ich mit dem Vogel einen guten Tausch gemacht. So ein Wappentier ist in diesen Tagen bestimmt gefragt, und wenn ich ihn zur Eintracht nach Frankfurt bringe, lassen die bestimmt ein hübsches Sümmchen für ihn springen. Muttern wird stolz auf mich sein!“

Als er durch ein letztes Kaff, nördlich von Lüdenscheid, gekommen war, stand da ein Imker mit seinem Karren voll Bienenstöcken. Die summten und er sang dazu:

„Borussiaaaaa, Borussiaaaa!“

Hans sah ihm zu. Nach einiger Zeit schließlich sprach er ihn an: „Dir geht's wohl gut, wenn du so fröhlich mit deinen Bienen summst.“ – „Absolut“, antwortete der Borusse, „der Job ist so golden wie der Honig, den er produziert. Ein guter Imker hat stets etwas Kohle auf der Tasche. Aber wo hast du den schönen Adler gekauft?“ – „Den habe ich nicht gekauft, sondern gegen einen Kölner Geißbock eingetauscht." – „Und den Geißbock?" – „Den hab ich für ein Duisburger Zebra gekriegt." – „Und das Zebra?" – „Das hab ich für ein Gladbacher Fohlen bekommen." – „Und das Fohlen?" – „Dafür hab ich einen Klumpen Gold gegeben, der so groß war wie der Champions-League-Pokal." – „Und das Gold?" – „Tja, das war mein Lohn für sieben Jahre Fußballspielen in der Primera Division." – „Du hast dir stets zu helfen gewusst", sprach der Imker, „wenn du es jetzt noch schaffst, dass du andere für dich arbeiten lässt, so hast du dein Glück gemacht." – „Wie soll ich das anfangen?", sprach Hans. „Du musst Imker werden, so wie ich. Dazu gehört eigentlich nicht viel. Lediglich ein Bienenstock, der Rest ergibt sich fast von selbst. Hier hab ich einen, der hat zwar eine kleine Macke, aber wenn du mir dafür deinen Adler geben würdest, wären wir quitt. Wie sieht's aus, bist du dabei?" – „Das fragst du noch?", antwortete Hans, „ich wäre der glücklichste Mensch auf der Welt; würde andere für mich arbeiten lassen und hätte immer genug Geld. Was ein Traum." Er reichte ihm den Adler und nahm dafür den Bienenkorb in Empfang. Dann zog der Borusse summend mit seinem Karren davon.

Hans lud sich den ollen Bienenstock auf die Schulter und zog vergnügt weiter. Seine Augen leuchteten vor Freude. „Ich muss ein echter Glückspilz sein“, rief er aus, „alles, was ich mir wünsche, wird wahr.“ Weil er aber seit Tagesanbruch auf den Beinen war, wurde er allmählich müde, hungrig war er auch, weil er vor lauter Freude über das Zebra seine sämtlichen Vorräte aufgegessen hatte. Der Bienenkorb wog gefühlt auch eine Tonne und er kam nur noch mühsam voran. Andauernd musste er anhalten und eine Pause einlegen. Zu allem Überfluss stachen ihn auch noch ständig Bienen in die Backe, die aus ihrem kaputten Stock in sein Gesicht flogen. Er konnte sich des Gedankens nicht erwehren, wie gut es doch wäre, wenn er gerade jetzt die schwarz-gelbe Brut nicht am Hals hätte. Wie eine Schnecke schlich er sich zu einem Brunnen. Er wollte etwas ausruhen und sich mit etwas kühlem Wasser erfrischen. Den Bienenkorb stellte er, um ihn nicht zu beschädigen, vorsichtig auf dem gemauerten Brunnenrand ab. Er wollte gerade etwas trinken, als er aus Versehen dagegenstieß und der Bienenstock in die Tiefe plumpste. Als Hans sah, wie er mitsamt dem schwarz-gelben-Gesummse unterging, sprang er vor Freude auf. Mit Tränen in den Augen kniete er nieder und dankte dem Fußballgott dafür, dass er ihn nun auch von dieser Plage erlöst hatte, ohne dass er ein schlechtes Gewissen zu haben brauchte. „Ich bin der glücklichste Mensch unter der Sonne“, rief er aus. Von aller Last befreit, sprang er auf und lief auf direktem Weg zurück nach Gelsenkirchen, auf Schalke, wo er vor Jahren auf Kohle geboren ward und was für immer seine Heimat war.

Glück auf, Hans!

Der gestiefelte Schalker

Es war einmal ein Bergmann, der hatte drei Söhne, ein kleines Haus, ein altes Auto und einen Kater. Die Söhne mussten stets fleißig für die Schule lernen, mit dem Auto wurden alle Besorgungen und Fahrdienste gemacht, der Kater dagegen sollte die Mäuse in Haus und Schrebergarten fangen. Als der Bergmann starb, teilten die Söhne das Erbe unter sich auf. Der älteste bekam das Haus, der zweite das Auto, der dritte den Kater. Weiter blieb nichts für ihn übrig. Da war er doch etwas enttäuscht und sagte zu sich selbst: „Hab ich ja echt ins Klo gegriffen, mein ältester Bruder hat ein Dach über dem Kopf, mein zweiter kann fahren, wohin er will – aber was soll ich mit dem sonderbaren Kater anfangen? Aus dem Fell krieg ich höchstens ein paar Pelz-Pantoffeln, wenn überhaupt."

„Hör zu", fing der Kater an, der alles verstanden hatte, „du brauchst mich echt nicht töten, nur für ein paar schlechte Schlappen. Kauf mir lieber ein Paar Fußballstiefel, dass ich raus auf die Fußballplätze kann, ohne mich zu blamieren, dann soll dir schon bald geholfen sein." Der Bergmannssohn traute seinen Ohren nicht, wie er den Kater so reden hörte, aber da sie gerade an einem Sportgeschäft vorbeigingen, wurde ein kleiner Zwischenstopp eingelegt und ein Paar brandneue Stollenschuhe gekauft. Zufrieden zog sie der Kater noch im Geschäft an, nahm eine Sporttasche aus dem Regal, packte ein paar Fußbälle hinein, warf sie sich über die Schulter und ging dann auf zwei Beinen, wie ein Mensch, zur Tür hinaus.

Damals wie heute regierte König Fußball das Land und alle großen Klubs waren stets ganz versessen auf junge Nachwuchstalente für ihre Teams: Es herrschte aber ein großer Mangel an Ausnahmekickern, und kein Verein wusste welche zu kriegen, geschweige denn war fähig, sie selbst auszubilden. Die Plätze in der Provinz aber waren voll mit guten jungen Spielern, nur die entsprechenden Vereine waren so klein, dass kein Talentscout sie entdecken konnte. Das wusste der Kater und nahm sich vor, die Sache besser zu machen.

Als er die Fußballplätze in den Dörfern so beobachtete, guckte er sich die besten Talente aus, lauerte ihnen nach dem Training auf dem Parkplatz mit einem schicken, geliehenen Sportflitzer auf, schenkte ihnen einen neuen Fußball und versprach ihnen das Goldene vom Himmel, sollten sie mit ihm einen Beratervertrag abschließen und so die Geschicke ihrer Karrieren in seine Hände legen. Die Spieler kamen schon bald angelaufen, sahen die Luxuskarosse vor der Kabine stehen – und einer nach dem anderen unterschrieb. Als er eine gute Anzahl im Sack hatte, nahm der Kater die Verträge und zog mit den Auserwählten geradewegs zur Arena am Berger Feld, wo die stolzen Schalker Knappen heimisch waren. Der Platzwart aber rief: „Halt! Wohin?" – „Zum Vorstandsvorsitzenden!", antwortete der Kater ohne Umschweife. – „Bist du noch ganz dicht? Ein Kater und will zum Vorsitzenden?" – „Ach, lass ihn nur gehen", sagte ein anderer, „der Boss hat doch oft Langeweile, vielleicht hat er an so 'nem verrückten Kater Spaß." Als der Kater ins Büro des Vorstands trat, machte er eine tiefe Verbeugung und sagte: „Mein Chef, der Geschäftsführer der *Royal-Blue-Personal-Management-Agency,* lässt sich dem Herrn Vorstandsvorsitzenden empfehlen und schickt ihm diese Spitzentalente hier", womit er auf die im Foyer wartenden Spieler verwies. Der oberste Schalker kriegte sich gar nicht mehr ein vor Freude und bestand darauf, dass sich der Kater so viel Gold aus der Vereinskasse nahm, wie er in seiner Sporttasche nur tragen konnte. „Das bringe deinem Chef und danke ihm vielmals für sein Geschenk.“

Der arme Bergmannssohn aber saß zu Hause vorm Fernseher und war sauer, wenn er darüber nachdachte, dass er sein letztes Geld für die Fußballstiefel des Katers rausgehauen hatte, der ihm dafür wohl auch nichts Besseres ranschaffen würde. Da kam der Kater herein, warf die Tasche von seinem Rücken, machte sie auf und schüttete das Gold direkt vor Sohnemann auf den Couchtisch. „Da hast du ein bisschen Kohle vom Schalke-Boss, der dich ganz herzlich grüßen lässt und sich für die jungen Toptalente bei dir bedankt.“ Der Bergmannssohn war völlig baff wegen dem ganzen Geld und konnte gar nicht begreifen, wie sich das abgespielt hatte. Der Kater aber erzählte ihm alles, während er seine Fußballschuhe auszog, dann aber sagte er: „O.k., du hast zwar jetzt einen Haufen Kohle, aber dabei soll es nicht bleiben. Morgen schnür ich mir wieder meine Fußballstiefel, dann sollst du noch reicher werden, dem Herrn Vorsitzenden habe ich nämlich erzählt, dass du der Chef einer Topspieler-Vermittlungsagentur bist." Am nächsten Tag zog der Kater wieder mit seinen Fußballschuhen auf die Jagd nach neuen Nachwuchskickern und brachte dem Vorstandsvorsitzenden eine reiche Auswahl. So ging es eine ganze Zeit lang, und der Kater brachte jeden Abend reichlich Asche mit nach Hause und war beim obersten Schalker schließlich so beliebt, dass er auf dem Vereinsgelände nach Belieben ein- und ausgehen konnte.

Einmal stand der Kater am Trainingsplatz der Profis und wärmte sich mit einer schönen Tasse Kaffee, da kam der Fahrer des Mannschaftsbusses und fluchte: „Zum Teufel mit dem Chef und seiner Sekretärin! Da will ich mal in die Kneipe gehen, um mir einen zu trinken und ein bisschen zu knobeln, da soll ich die beiden jetzt durch die Gegend kutschieren, draußen bei Schloss Berge." Wie der Kater das hörte, schlich er nach Hause und sagte zu seinem Herrchen: „Also wenn du es je zu was bringen und richtig reich werden willst, dann kommst du jetzt mit mir raus zum See bei Schloss Berge und gehst dort 'ne Runde schwimmen." Der Bergmannssohn wusste nicht, was er dazu noch sagen sollte, doch schließlich folgte er dem Kater mit einem Achselzucken, zog sich splitterfasernackt aus und sprang ins kalte Wasser. Der Kater aber schnappte sich seine Klamotten, trug sie fort und versteckte sie. Er war gerade damit fertig, da kam auch schon der Schalke-Boss dahergefahren. Der Kater fing sogleich an, erbärmlich zu lamentieren, ähnlich wie ein Italiener auf dem Fußballplatz: „Ach! Herr Vorsitzender! Mein Chef war gerade bei seiner morgendlichen Schwimmeinheit, als ihm irgendein Schurke seine Kleidung gestohlen hat, die am Ufer lag. Nun ist der Herr im Wasser und kann nicht heraus, aber wenn er noch länger drin bleibt, wird er sich den Tod holen."

Wie der Vorstandsvorsitzende das hörte, ließ er die Limousine anhalten und sein Fahrer musste zu Fuß zurück zur Geschäftsstelle laufen, um aus seinem Büro einen frischen Anzug zu holen. Der Bergmannssohn zog dann auch den exklusiven Designeranzug an, und weil ihm der Ober-Schalker ohnehin wegen der ganzen jungen Nachwuchsspieler, von denen er glaubte, sie von ihm bekommen zu haben, verbunden war, so musste er sich zu ihm in die Limousine setzen. Die Sekretärin hatte auch nichts dagegen, denn sie war frisch geschieden und der junge Herr gefiel ihr doch recht gut.

Der Kater aber war weit vorausgegangen und zu einem großen Areal mit mehreren Kunstrasenplätzen gekommen, wo über hundert Jugendliche beim Fußballtraining waren. „Wessen Trainingsgelände ist das hier?", fragte der Kater. „Das vom BVB." – „Hört zu, gleich wird ein hohes Tier von Funktionär hier vorbeifahren, wenn er wissen will, wem das Gelände hier gehört, dann antwortet ihr: der *Royal-Blue-Personal-Management-Agency*. Wenn ihr das nicht macht, dann schwöre ich euch, werdet ihr im Profifußball kein Bein mehr auf den Boden kriegen und euer Leben lang in den Bezirksligen dieser Welt kicken."

Darauf ging der Kater weiter und kam an die Baustelle eines riesigen und prachtvollen Bürokomplexes, so hoch, dass man kaum bis zum Dach raufgucken konnte. Da waren mehr als zweihundert Leute beschäftigt und schweißten, hämmerten und mauerten. „Wer ist der Bauherr von diesem riesigen Klotz?" – „Der BVB." – „Hört zu, gleich wird ein hohes Tier von Funktionär hier vorbeifahren, wenn er wissen will, wer das hier bauen lässt, dann antwortet ihr: die *Royal-Blue-Personal-Management-Agency*. Wenn ihr das nicht macht, dann schwöre ich euch, werde ich dafür sorgen, dass ihr eure Jobs an eine billige Arbeitskolonne aus Osteuropa verliert."

Schließlich kam der Kater an einem Flugfeld vorbei, wo mehr als dreihundert Mann damit beschäftigt waren, teure und schnittige Privatjets zu warten, zu reparieren und zu polieren. „Wem gehören die ganzen Flugzeuge?" – „Den Sponsoren des BVB." – „Hört zu, gleich wird ein hohes Tier von Funktionär hier vorbeifahren, wenn er wissen will, wem die Flugzeugflotte hier gehört, dann antwortet ihr: der *Royal-Blue-Personal-Management-Agency.* Wenn ihr das nicht macht, dann schwöre ich euch, werdet ihr für den Rest eures Lebens Autos bei Gebrauchtwagenhändlern polieren."

Der Kater zog noch weiter, die Arbeiter sahen ihm alle nach, und weil er so wunderlich aussah, wie er so in Stollenschuhen daherschritt, ganz so wie ein richtiger Fußballer, fürchteten sie sich vor ihm. Er kam bald zur privaten Villa des BVB-Oberen, trat frech ein und direkt vor den Geschäftsführer. Der BVB-Boss sah ihn verächtlich an, dann fragte er ihn, was er denn wolle. Der Kater verbeugte sich tief und antwortete: „Ich hab läuten hören, dass du dich in jedes x-beliebige Wappentier verwandeln kannst, je nachdem, wer dir gerade am meisten bietet und für wen du dann arbeitest. Wenn du dich so von einem Wolfsburger Wolf in einen Berliner Bären oder ein Duisburger Zebra verwandeln würdest, das könnt ich wohl glauben, aber in einen Kölner Geißbock, das kauf ich dir nicht ab und deshalb bin ich hier, um mich persönlich davon zu überzeugen." Der BVB-Boss sagte arrogant, wie er war: „Das ist ein Klacks für mich", und verwandelte sich von jetzt auf gleich in einen Geißbock im Köln-Trikot. „Wow, das war cool", sagte der Kater, „aber auch in einen 60er-Löwen?" – „Das ist auch kein Problem", sagte der Boss, und schon stand er als wilder Löwe von 1860 München vor ihm. Der Kater tat ganz erschrocken und rief: „Das ist unglaublich, total fett, das hätt ich im Traum nicht gedacht. Aber noch heftiger fänd ich es, wenn du dich in ein kleines Tier verwandeln könntest, und wenn wir schon mal hier sind, in eine Zecke zum Beispiel. Du bist bestimmt ein toller Hecht, aber das wird wohl auch für dich zu hoch sein." Der Geschäftsführer des BVB wurde handzahm von den ganzen freundlichen Worten und sagte: „O.k. du liebes Kätzchen, das hab ich auch drauf", und lief auf einmal als winziges Krabbeltier über den Parkettboden vor seinem Schreibtisch. Da machte der Kater einen großen Schritt nach vorne und zertrat die Zecke gezielt mit den Stollen seiner Fußballstiefel.

Der Vorstandsvorsitzende des S04 war in der Zwischenzeit mit dem Chef-Spielervermittler weiter spazieren gefahren und kam schließlich zu den großen Kunstrasenplätzen. „Wem gehört dieses Trainingsgelände?", fragte der Vorsitzende. „Der *Royal-Blue-Personal-Management-Agency*", riefen alle, ganz so, wie der Kater es ihnen befohlen hatte. „Da habt ihr ja eine ganz schöne Talentschmiede, mein Herr", sagte der Vorsitzende. Anschließend kamen sie zu der Großbaustelle. „Wer baut denn hier, Männer?" – „Die *Royal-Blue-Personal-Management-Agency*" – „Mein lieber Schieber, der Herr! Das wird ja ein richtiger Palast von Firmensitz!" – Darauf ging es zum Flugfeld: „Wem gehören denn all die Privatjets?" – „Der *Royal-Blue-Personal-Management-Agency*", antworteten die Arbeiter. Der oberste Schalker kam aus dem Staunen gar nicht mehr heraus und sagte: „Ihr müsst ein reicher Mann sein, mein Herr, und Ihre Geschäfte müssen unglaublich gut laufen, ich glaube nicht, dass ich jemals eine beeindruckendere Flugzeugflotte gesehen habe."

Zum guten Schluss kamen sie zur Villa. Der Kater stand vorne am Haupteingang, und als die Limousine davor hielt, ging er zu dem Wagen herüber, öffnete die hintere Fahrzeugtür und sagte: „Herr Vorsitzender, hier seid Ihr auf dem privaten Anwesen meines werten Chefs, der sich dadurch sein Leben lang geehrt fühlen wird." Der Vorstandsvorsitzende stieg aus und war ganz erschlagen von dem riesigen Domizil, das fast größer und schöner war als sein eigener Wohnsitz. Der Bergmannssohn hatte inzwischen Gefallen an seiner Rolle als führender Spielervermittler gefunden und geleitete ihn ins Haupthaus, dessen Eingangshalle schon so pompös war wie ein Palast aus 1001 Nacht. Dann wurden Nägel mit Köppen gemacht: Der junge Herr bekam die Handynummer der Sekretärin und machte ein erstes Date klar, und als der Schalke-Boss wenig später in Ruhestand ging, wurde er Vorstandsvorsitzender der Knappen und der gestiefelte Schalker sein Manager.

Der Wolf und die sieben Schalker

Es war einmal eine alte Ziege aus Gelsenkirchen, die hatte sieben junge Schalker und die hatte sie lieb, wie eine Mutter ihre Kinder nur liebhaben kann. Eines Tages wollte sie zum Einkaufen, da rief sie alle sieben herbei und sprach: „Kids, ich muss nach ALDI. Macht keinen Quatsch und gebt Acht mit dem Wolf. Wenn der hier reinkommt, so frisst er euch alle mit Haut und Haar. Der Borusse verstellt sich oft, aber er hat eine raue Stimme und an seinem schwarz-gelben Trikot werdet ihr ihn gleich erkennen." Die kleinen Schalker sagten: „Wir passen schon auf, Mama, mach dir keine Sorgen." Da nickte die Alte und machte sich auf den Weg.

Es dauerte nicht lange, so klopfte jemand an die Haustür und rief: „Macht auf, ihr lieben Kinder, eure Mama ist da und hat jedem von euch etwas mitgebracht!" Aber die Schalker hörten an der rauen Stimme, dass es der Wolf war. „Wir machen nicht auf", riefen sie, „du bist nicht unsere Mama, die hat eine feine und liebliche Stimme, aber deine Stimme ist rau. Du bist der Borusse!" Da ging der Wolf fort zu einer Trinkhalle und kaufte sich einen großen Gerstensaft, Pilsener Brauart, den trank er auf ex und machte damit seine Stimme fein. Dann kam er zurück, klopfte an der Haustür und rief: „Macht auf, ihr lieben Kinder, eure Mutter ist da und hat jedem von euch etwas mitgebracht!" Aber der Wolf hatte seinen schwarz-gelben Ärmel ins Fenster gelegt, das sahen die Kinder und riefen: „Wir machen nicht auf, unsere Mama trägt keine Zeckenkluft wie du. Du bist der Borusse!" Da lief der Wolf zu einem Fanshop und sprach: „Gib mir ein Schalke-Trikot." Der Verkäufer dachte: Der Typ will wen abzocken, und weigerte sich, aber der Wolf sprach: „Wenn du es nicht tust, dann gibt's was auf die Zwölf!" Da fürchtete sich der arme 400-Euro-Jobber und gab ihm ein königsblaues Gewand. Ja, ja, so sind die Menschen.

Nun ging der Bösewicht zum dritten Mal zu der Haustüre, klopfte an und sprach: „Macht mir auf, Kinder, euer liebes Mamilein ist heimgekommen und hat jedem von euch was vom Discounter mitgebracht.“ Die kleinen Schalker riefen: „Zeig uns erst dein Trikot, damit wir wissen, dass du unsere Mama bist!“ Da legte er seinen Ärmel ins Fenster, und als sie sahen, dass dieser blau-weiß war, glaubten sie, es wäre alles wahr, was er sagte, und machten die Türe auf. Wer aber hereinkam, das war der Borusse. Sie erschraken und wollten sich verstecken. Das eine sprang unter den Tisch, das zweite unters Bett, das dritte hinter die Couch, das vierte in die Küche, das fünfte in den Schrank, das sechste unter das Waschbecken, das siebte hinter den Fernseher. Aber der Wolf fand sie alle und machte keine Gefangenen: eins nach dem anderen schluckte er in seinen Rachen, nur das jüngste hinter dem Fernseher, das fand er nicht. Als der Wolf seinen Hunger gestillt hatte, zog er ab, legte sich draußen auf der grünen Wiese unter einen Baum und fing an zu schlafen.

Nicht lange danach kam die alte Ziege vom Einkaufen wieder nach Hause. Ach herrje, wie sah es denn hier aus?! Die Haustür stand sperrangelweit offen – Tisch, Stühle und Playstation waren umgeworfen, das Waschbecken lag in Scherben, Decken und Kissen waren aus den Betten gezogen. Sie suchte nach ihren Kindern, aber sie waren nirgends zu finden. Nacheinander rief sie sie beim

Namen, aber niemand antwortete. Endlich, als sie beim Jüngsten ankam, da rief eine feine Stimme: „Mama, ich stecke hinterm Fernseher." Sie holte es vorsichtig hinter dem 60 Zoll LED-Flachbildschirm hervor, und es erzählte ihr, dass der Wolf gekommen wäre und all die andern gefressen hätte. Verständlich, dass die Gute danach völlig fertig war.

Doch schließlich ging sie mit all ihrem Kummer zusammen mit dem jüngsten Schalker hinaus. Als sie auf die Wiese kamen, lag da der Wolf unter einem Baum und schnarchte, dass die Äste zitterten. Frau Ziege betrachtete ihn von allen Seiten und sah, dass sich in seinem vollgefressenen Bauch etwas bewegte und zappelte. Oh Mann, dachte sie, sollten meine armen Kids, die er gerade als Imbiss hinuntergewürgt hat, etwa noch am Leben sein? Da musste der kleine Schalker nach Hause laufen und Schere, Nadel und Faden holen. Dann schnitt sie dem Ungetüm den Wanst auf. Kaum hatte sie einen Schnitt getan, so streckte schon ein Schalker den Kopf heraus, und als sie weiterschnitt, da sprang nacheinander das ganze Team heraus. Alle waren noch am Leben, denn das Ungetüm hatte sie in seiner Gier in einem Stück hinuntergeschluckt. Das war eine Freude! Die Kleinen fielen ihrer Mama um den Hals und hüpften herum, als hätten sie gerade die Meisterschaft gewonnen. Die Alte aber sagte: „Jetzt lauft los und sucht mir Schlackesteine, damit wollen wir der Zecke den Bauch füllen, solange sie hier noch ratzt.“ Da schleppten die sieben Schalker in aller Eile die Steine herbei und steckten so viele davon in den Bauch, wie sie hineinquetschen konnten. Dann nähte ihn die Alte schneller wieder zu, als er „Heja, heja BVB“ sagen konnte. Er bemerkte rein gar nichts und regte sich nicht einmal.

Als der Wolf endlich ausgeschlafen hatte, stand er auf, und weil ihm die Steine im Magen so großen Durst machten, wollte er zu einem Brunnen gehen und trinken. Als er aber anfing zu gehen, stießen die Steine in seinem Bauch aneinander und rappelten. Da rief er:

„Was rumpelt und pumpelt denn da
in meinem Bauch herum?
Ich meinte, es wären sechs Schalkerlein,
so sind's lauter Schlackestein.“

Und als er an den Brunnen kam und sich über das Wasser bückte, um etwas zu trinken, da zogen ihn die schweren Steine hinein, und er musste jämmerlich ersaufen. Als die sieben Schalker das sahen, kamen sie herbeigelaufen, riefen laut:

„Der Borusse ist tot!
Der Borusse ist tot!
Ein Leben lang!
Blau und Weiß ein Leben lang!"

Und sie tanzten mit ihrer Mama vor Freude um den Brunnen herum.

Herr Trainer

Es war einmal eine alleinerziehende Mutter, die hatte zwei Söhne, davon sah einer gut aus, war fleißig und talentiert am Ball, der andere aber war hässlich, faul und gänzlich talentfrei. Sie hatte aber den hässlichen und faulen, weil er ihr eigener Sohn war, viel lieber, und der andere, den sie vor Jahren adoptiert hatte, musste zu Hause die ganze Arbeit tun und war der Prügelknabe für alles. Der arme Junge musste jeden Tag nach der Schule sowie in all seinen Ferien unter Tage malochen und so viel schleppen, hacken und hämmern, bis seine Finger blutig waren.

Nun trug es sich zu, dass der Stiel seiner Spitzhacke einmal ganz blutig war; da bückte er sich damit in einen Schacht, um den Stil im Grundwasser abzuwaschen, das Werkzeug rutschte ihm aber aus der Hand und fiel hinein. Er weinte, so sauer war er, lief zu seiner Adoptivmutter und erzählte ihr das Unglück. Sie schimpfte daraufhin so heftig mit ihm und war so unbarmherzig, dass sie sprach: „Wenn du die Hacke da reingeschmissen hast, holst du sie auch wieder heraus." Da ging der Junge zu dem Schacht zurück und wusste nicht, was er tun sollte, und vor lauter Angst sprang er in den Schacht hinein, um die Spitzhacke zu holen.

Er verlor das Bewusstsein, und als er erwachte und wieder klar war, fand er sich auf einer schönen Wiese wieder, wo die Sonne schien und viele tausend Blumen standen. Auf dieser ging er weiter und kam schließlich zu einem Fußballplatz, dessen Rasen beinahe so hoch wie die Wiese war, auf der er wandelte. Der Rasen aber rief:

„Ach, mäh' mich ab,
mäh' mich wieder kurz,
sonst kann niemand mehr auf mir
Fußball spielen,
ich bin schon viel zu hoch!"

Da ging er herüber, holte einen Rasenmäher und mähte den Rasen so ordentlich und kurz wie einen grünen Teppich. Danach ging er weiter und kam zu einem Stapel mit Fußbällen, die alle völlig platt waren. Die Bälle riefen ihm zu:

„Ach, pump uns auf,
pump uns auf,
bei uns ist die Luft raus!"

Da nahm er eine Ballpumpe und füllte die Bälle prall wie Kanonenkugeln. Und als er sie alle feinsäuberlich zusammengelegt hatte, ging er wieder weiter. Endlich kam er zu einer schmucken Arena, daraus guckte ein alter Mann, weil der aber eine so große Trillerpfeife und Stoppuhr hatte, war ihm mulmig zumute und er wollte davonlaufen. Der alte Mann aber rief ihm nach: „Was fürchtest du dich, Kleiner? Bleib bei mir. Wenn du alle Einheiten auf dem Trainingsplatz ordentlich absolvieren willst, so soll es dir gut gehen und ich lasse dich an den Wochenenden spielen. Du musst nur achtgeben, dass du stets vollen Einsatz bringst, den Ball flach hältst und dich in den Dienst der Mannschaft stellst. Dann sind die Fans zufrieden und feiern, bis Konfetti fliegt, dann schneit es auf der Welt, ich bin der Trainer, für dich Herr Trainer."

Weil der Alte ihn so motivierte, fasste sich der Junge ein Herz, willigte ein und unterschrieb seinen ersten Profivertrag. Er spielte und trainierte nach seiner Zufriedenheit und brachte die Nordkurve derart in Verzückung, dass das Konfetti wie Schneeflocken umherflog, dafür hatte er auch ein gutes Leben bei ihm, kein böses Wort, weder in der Kabine noch gegenüber der Presse, und jeden Tag gab es eine ausgewogene Ernährung. Nun war er schon einige Spielzeiten beim Trainer, da wurde er traurig und wusste anfangs selbst nicht, was ihm fehlte. Schließlich merkte er, dass es Heimweh war, auch wenn es ihm hier viele tausend Mal besser ging als zu Haus, so hatte er doch ein Verlangen dahin. Schließlich sagte er zu ihm: „Ich habe Sehnsucht nach Hause bekommen und wenn es mir auch noch so gut hier unten geht, so kann ich doch nicht länger bleiben, ich muss wieder hinauf, zu meiner Familie."

Der Herr Trainer sagte: „Es gefällt mir, dass es dich wieder nach Hause zieht, und weil du mir und dem Verein so die Treue gehalten hast, so will ich dich selbst wieder hinaufbringen." Er nahm ihn bei der Hand und führte ihn zum Tor vor der Nordkurve. Sowie sich der Junge in das Tor gestellt hatte, fiel ein gewaltiger Goldregen nieder, und alles Gold blieb an ihm und seinem königsblauen Trikot hängen, so dass er über und über davon bedeckt war. „Das sollst du haben, weil du stets vollen Einsatz gebracht hast", sprach der Trainer und gab ihm auch die Spitzhacke wieder, die ihm in den Schacht gefallen war. Darauf ward das Tor verschwunden, und der Junge fand sich oben, in der normalen Welt wieder, nicht weit von der Wohnung seiner Mutter entfernt. Als er in den Hinterhof kam, saß eine Taube in der Dachrinne und rief:

„Hurra, hurra,
unser goldener Knappe ist wieder da!"

Da ging er hinein zu seiner Mutter, und weil er so mit Gold bedeckt ankam, wurde er von ihr und seinem Bruder freundlich empfangen und wieder aufgenommen. Der Junge erzählte alles, was er erlebt hatte, und als die Mutter hörte, wie er zu dem großen Vermögen gekommen war, wollte sie dem anderen, hässlichen, faulen und talentfreien Sohn gerne zu demselben Glück verhelfen. Er musste in den Schacht einfahren und malochen, und damit seine Spitzhacke blutig wurde, schlug er sich damit auf den Finger und stieß sich die Hand wund an der Stollenwand. Dann warf er die Hacke in den Schacht und sprang selbst hinein. Er kam, wie der andere, auf die schöne Wiese und ging denselben Pfad weiter. Als er zum Fußballplatz kam, schrie der Rasen wieder:

„Ach, mäh' mich ab,
mäh' mich wieder kurz,
sonst kann niemand mehr auf mir
Fußball spielen,
ich bin schon viel zu hoch!"

Der Faule aber antwortete: „Da hätt ich Bock drauf, mich schmutzig zu machen", und ging fort. Bald kam er zu den platten Fußbällen, die riefen:

„Ach, pump uns auf,
pump uns auf,
bei uns ist die Luft raus!"

Er antwortete aber: „Ihr macht mir Spaß, es könnte einer platzen und mir um die Ohren fliegen", und ging damit weiter. Als er vor die Arena des Trainers kam, fürchtete er sich nicht, weil er ja von dessen großer Pfeife und Stoppuhr schon gehört hatte, und unterschrieb sogleich einen Vertrag. Zu Beginn der Saison zwang er sich zur Disziplin, zeigte Laufbereitschaft und folgte den Anweisungen des Herrn Trainer, denn er dachte an das viele Geld, dass er ihm schenken würde. Aber bereits gegen Ende der Hinrunde begann er mit den ersten Starallüren und kam unpünktlich zum Training. In der Rückrunde wurden es mehr, teilweise ließ er das Training ganz sausen, klagte über Probleme im Adduktoren-Bereich, und Fantreffen blieb er grundsätzlich fern. Auf dem Platz vermied er die langen Wege, er kämpfte nicht, er grätschte nicht und begeisterte somit auch nicht die Fans, bis dass das Konfetti aufflog.

Der Trainer war das bald leid und löste den Vertrag auf. Der Faule war damit einverstanden und glaubte, nun würde der Goldregen kommen. Der Trainer führte ihn ebenfalls zum Tor vor der Nordkurve, als er aber drin stand, ward statt des Goldes ein großer Kessel voll tiefschwarzem Pech ausgeschüttet. „Das ist zur Belohnung deiner Dienste", sagte der Trainer und schloss die Arena hinter sich zu. Da kam der Faule nach Hause, aber er und sein gelbes Lieblings-T-Shirt waren überall mit schwarzem Pech bedeckt, und die Taube in der Dachrinne rief, als sie ihn sah:

„Hurra, hurra,
unser schmutziger Borusse ist wieder da!"

Das Pech aber blieb fest an ihm hängen und wollte sein Leben lang nicht wieder abgehen.

Blaukäppchen

Es war einmal ein kleiner pfiffiger Junge, den konnte man einfach nur gernhaben, so freundlich und fröhlich war er und außerdem noch begnadet im Umgang mit dem runden Leder. Am allerliebsten aber hatte ihn seine Oma. Sie hatte ihn so lieb, dass sie schon gar nicht mehr wusste, was sie ihrem kleinen Sonnenschein so alles schenken sollte. Einmal schenkte sie ihm ein blaues Schalke-Käppi, und weil ihm das so gut stand und er auch nichts anderes mehr tragen wollte, hieß er von da an nur noch Blaukäppchen.

Eines Tages sprach seine Mutter zu ihm: „Komm, Blaukäppchen, da hast du etwas Geld für 'ne Currywurst, Pommes-Mayo und 'ne Flasche Bier, bring das der Oma nach Haus. Sie ist krank und schwach und wird sich darüber bestimmt sehr freuen. Mach voran, bevor es draußen zu heiß wird, und geh vernünftig, wenn du unterwegs bist und spiel nicht wieder mit allen möglichen Sachen, die herumliegen, Fußball, sonst fällst du noch und die Flasche geht kaputt und die Oma hat nichts mehr davon. Und wenn du zu ihr in die Wohnung kommst, dann vergiss nicht, Tach zu sagen, und guck dich nicht so neugierig überall um." – „Keine Panik, ich mach das schon", sagte Blaukäppchen zur Mutter und gab ihr alle fünfe drauf. Die Oma aber wohnte draußen im finsteren Wald, eine halbe Stunde vor Lüdenscheid. Wie nun Blaukäppchen in den Wald kam, begegnete ihm der Wolf. Blaukäppchen aber wusste nicht, was für ein böser Borusse dieses Tier war, und fürchtete sich nicht vor ihm. „Tach, Blaukäppchen", sprach er. – „Schönen Dank, Wolf." – „Wo soll's hingehen so früh am Tach, Blaukäppchen?" – „Zur Oma." – „Was hast du denn da unter deiner Jacke?" – „Bier und 'ne Schale Pommes, gestern war der Erste und da gab's Geld, und da soll ich der kranken und schwachen Oma etwas Gutes tun, damit sie wieder zu Kräften kommt." – „Blaukäppchen, wo wohnt denn deine Oma?" – „Noch 'ne gute Viertelstunde weiter im Wald, unter den drei großen Eichen, da steht ihre Arena, davor die ‚Tausend-Freunde-Mauer', die wirst du ja kennen", sagte Blaukäppchen.

Der Wolf dachte bei sich: Der Kleine ist ein fetter Bissen, der wird noch besser schmecken als die Alte, ich muss es nur gut genug planen, dann kann ich mir beide schnappen. Also ging er eine Weile neben Blaukäppchen her, dann sprach er: „Blaukäppchen, sieh mal die schönen gelben Blumen, die hier überall wachsen, warum siehst du dich nicht mal ein bisschen um? Ich glaube, du hörst gar nicht, wie lieblich die Vögelchen singen. Du rast ja hier durch, als wärst du auf der Flucht, dabei ist es so herrlich hier draußen im Wald."

Blaukäppchen schlug die Augen auf, und als es sah, wie die Sonnenstrahlen durch die Bäume hin und her tanzten und alles voll war mit schönen Blumen, dachte es: Wenn ich der Oma einen frischen Strauß Blumen mitbringe, wird sie sich auch sehr freuen, selbst wenn sie gelb sind; es ist noch früh am Tach, ich werd schon noch pünktlich ankommen, lief vom Wege ab in den Wald hinein und fing an, Blumen zu pflücken. Und wenn er gerade eine abgebrochen hatte, glaubte er, ein Stückchen weiter stände noch eine schönere, und lief dort hin und so geriet er immer tiefer in den Wald hinein. Der Wolf aber ging geradewegs zum Haus der Oma und klopfte an die Tür. „Wer ist da draußen?" – „Blaukäppchen, ich bring dir Pommes und Bier, mach auf." – „Komm nur rein, die Tür ist offen", rief die Oma, „ich fühl mich nicht so gut und kann grad nicht aufstehen." Der Wolf drückte auf die Klinke, die Tür ging auf, und er ging, ohne zu zögern und ein Wort zu sprechen, direkt zum Bett der alten Frau und verschluckte sie mit Haut und Haar. Dann zog er ihren Bademantel an, tat ihre Mütze auf, legte sich auf ihre Couch und zog die Vorhänge zu.

Blaukäppchen aber hatte vor lauter Blumen die Zeit ganz vergessen, und als er so viele zusammenhatte, dass er sie kaum noch tragen konnte, da fiel ihm die Oma wieder ein, und er machte sich schleunigst auf den Weg. Er wunderte sich, dass die Tür aufstand, als er ankam. Wie er in die Wohnung trat, beschlich ihn ein ungutes Gefühl, dass er dachte: Ach du Schande, wieso ist mir nur so mulmig zumute, ich bin doch sonst immer so gerne bei der Oma?

Er rief: „Moin, moin", bekam aber keine Antwort. Daraufhin ging er rüber zur Couch und zog die Vorhänge zurück – da lag die Oma und hatte ihre Mütze tief ins Gesicht gezogen und sah sehr merkwürdig aus. „Ey Oma, was hast du für große Ohren!" – „Damit ich den Surround-Sound meiner Anlage besser hören kann." – „Hey Oma, was hast du für große Augen?" – „Damit ich die Ergebnisse im Live-Ticker besser sehen kann." – „Ey Oma, was hast du für große Hände?" – „Damit ich im Stadion lauter klatschen kann." – „Aber,

Oma, was hast du nur für ein entsetzliches schwarz-gelbes Trikot unter deinem Bademantel an!" – „Weil ich ein Borusse bin!" Mit diesen Worten sprang er von der Couch und verschlang das arme Blaukäppchen.

Wie der Wolf seinen Kohldampf gestillt hatte, legte er sich wieder auf die Couch, schlief ein und fing an, so laut zu schnarchen, dass die Wände wackelten. Just in diesem Moment ging der Jäger an dem Haus vorbei und dachte: Du meine Güte, was schnarcht denn die Alte so laut? Ich werd mal besser nachsehen, ob ihr was fehlt. So ging er in die Wohnung, und wie er an die Couch kam, sah er, dass der Wolf darauf lag. „Finde ich dich also hier, du alte Zecke", sagte er, „ich habe lange nach dir gesucht." Er wollte gerade sein Jagdgewehr anlegen, als ihm einfiel, dass der Wolf vielleicht die Oma gefressen haben könnte und sie vielleicht noch zu retten wäre – er schoss nicht, sondern nahm stattdessen sein Rambo-Messer und fing an, dem schlafenden Wolf den Bauch aufzuschneiden. Wie er ein Stückchen geschnitten hatte, sah er auf einmal das blaue Käppi leuchten, und noch ein paar Schnitte, da sprang der Junge heraus und rief: „Ach du Schande, hab ich Schiss gehabt und war das vielleicht düster in dem Viech!" Und dann kam auch die Oma noch lebendig heraus und war ziemlich außer Puste. Blaukäppchen aber holte geschwind die Bowlingkugeln der Oma herbei, damit füllten sie dem Wolf den Bauch. Wie dieser aufwachte und sich aus dem Staub machen wollte, waren die Kugeln so schwer, dass er das Gleichgewicht verlor, taumelte und über die Balkonbrüstung in die Tiefe und in den Tod stürzte.

Da freuten sich die drei, der Jäger zog dem Wolf sein schwarz-gelbes Trikot aus und verbrannte es vor der „Tausend-Freunde-Mauer", dann ging er zufrieden nach Hause. Die Oma aß die Currywurst mit Pommes-Mayo und trank das Bier, das Blaukäppchen gebracht hatte, und kam schon bald wieder zu Kräften. Blaukäppchen aber nahm sich vor, nie wieder einem Borussen zu trauen und fortan immer auf dem rechten Wege zu bleiben und auf seine Mutter zu hören.

Es wird auch erzählt, dass einmal, als Blaukäppchen der alten Oma wieder einmal Frittiertes brachte, ein anderer Wolf ihn auf der Straße anquatschte und versuchte, ihn vom rechten Wege abzubringen. Doch so sehr er ihm auch von herrlich gelben Blumen oder auch Früchten erzählte, Blaukäppchen war auf der Hut und ging unbeirrt seinen Weg weiter. Später erzählte er der Oma von dem Treffen mit dem Wolf, der ihn komisch von der Seite angequatscht und angeglotzt hätte. „Wenn es nicht auf offener Straße, mitten am Tag gewesen wäre, hätte er mich, glaube ich, gefressen." – „Komm", sagte die Oma, „wir wollen die Tür schließen, so dass er hier nicht reinkann." Schon kurze Zeit später klopfte der Wolf an und rief: „Oma, mach auf, ich bin's, Blaukäppchen, ich bring dir was aus der Pommes-Bude vorbei." Die zwei aber verhielten sich mucksmäuschenstill und öffneten nicht, da schlich der Borusse etliche Male um das Haus, sprang schließlich aufs Dach und wollte warten, bis Blaukäppchen abends nach Hause ginge, dann wollte er ihm nachschleichen und ihn in der Dunkelheit fressen.

Aber die Oma dachte sich schon so etwas. Nun war draußen vor dem Haus ein großer Swimmingpool mit Terrasse. Da sprach die alte Frau zu dem Kind: „Geh, Blaukäppchen, und schmeiß den Grill an, der auf der Terrasse steht." Der Junge tat, was ihm seine Oma gesagt hatte, und als sie gute Glut hatten, legten sie ordentlich Steaks und Würstchen auf. Schon bald stieg der feine Grillgeruch dem Wolf in die Nase, er schnupperte und guckte gierig hinab, von wo denn dieser herrliche Duft nur kommen würde. Schließlich machte er einen so langen Hals, dass er sich nicht mehr halten konnte und anfing zu rutschen, so rutschte er vom Dach herab, geradewegs in den Pool hinein, wo er jämmerlich ertrank, da er es nie für nötig gehalten hatte, sein Seepferdchen zu machen. Blaukäppchen aber ging fröhlich nach Haus und niemand belästigte ihn mehr.

Das tapfere Schalkerlein

An einem heißen Nachmittag im Sommer saß ein kleiner Schalker zu Hause an seinem Schreibtisch, am Fenster, war gut drauf und machte brav seine Schularbeiten. Als er eine kurze Pause einlegte, las er in der Zeitungsbeilage die aktuellen Supermarktangebote. „Nutella im Sonderangebot“, stand dort geschrieben. Das sah doch gut aus. Geschwind stieg er die Treppe hinab und lief zum Discounter an der Ecke. „Nimm 3, zahl 2“, las er auf dem Plakat über der Palette mit Nuss-Nugat-Creme. Also griff er sich drei Gläser und ging damit zur Kasse.

Die Verkäuferin machte einen ziemlich genervten Eindruck und war äußerst unfreundlich, kassierte aber wortkarg, was er aufs Band legte. „Glück auf“, rief der Schalker, als er wieder zu Hause war,

„groß und stark will ich hiervon werden“, dann holte er das Brot aus dem Schrank, schnitt sich eine dicke Scheibe ab und bestrich diese daumendick mit der leckeren Creme. „Das wird nicht bitter schmecken“, sprach er, „aber erst will ich Mathe noch schnell fertig machen, eh ich reinbeiße.“ Er legte das Brot neben sich, rechnete weiter und ließ vor lauter Vorfreude die eine oder andere Aufgabe aus. Indes stieg der Geruch der süßen Creme hinauf, bis auf den Balkon, wo die Wespen in großer Menge saßen, so dass sie angelockt wurden und sich scharenweise darauf niederließen.

„Ey, wer hat euch eingeladen?“, sprach der Schalker und jagte die ungebetenen Gäste fort. Die Wespen aber verstanden kein Deutsch und ließen sich nicht abweisen, sondern kamen in immer größerer Anzahl zurück. Schließlich hatte das Schalkerlein, wie der Volksmund sagt, die Faxen dicke, er schnappte sich sein Handtuch aus der Sporttasche und: „Na wartet, jetzt setzt es was!“, schlug er erbarmungslos zu. Als er unter das Tuch guckte und zählte, lagen da nicht weniger als sieben von der schwarz-gelben Brut tot vor ihm und streckten die Beine in die Luft. „Wow, hast du’s echt dermaßen drauf?“, sprach er und war selbst von seiner Schnelligkeit überrascht. „Das soll der ganze Pott erfahren!“

In aller Eile zog er sein Schalke-Trikot an und stickte in schwarz-gelben Buchstaben „Sieben auf einen Streich!“ auf seine Stutzen. – „Ach was, der ganze Pott“, sprach er weiter, „die ganze Welt soll's erfahren!“, und sein Herz schlug ihm vor Freude bis an den Hals. Der Schalker zog die Stutzen über seine Schienbeinschoner und wollte raus auf die Fußballplätze dieser Welt, weil er der Meinung war, dass sein Zimmer bei Mama und Papa nun wirklich zu klein wäre für seine enorme Schnelligkeit. Doch bevor er loszog, suchte er noch im ganzen Haus nach etwas Essbarem, das er als Proviant mitnehmen könnte, fand aber nur noch einen alten Muffin, den steckte er ein. Vor der Haustür bemerkte er einen Vogel, der sich in der Schlinge eines Müllsacks für Plastikabfälle verfangen hatte. Er befreite den kleinen Flieger und steckte ihn zu dem kleinen Kuchen. Dann brach er voller Optimismus auf, und da er gut durchtrainiert war, wurde er so schnell auch nicht müde.

Der Weg führte ihn auf einen Berg, den Betze, auf dessen Gipfel ein Fußballplatz lag. Als er dort ankam, saß da ein Riese von Torwart im roten Dress, der etwas gelangweilt in die Gegend guckte. Das Schalkerlein ging beherzt auf ihn zu und sprach ihn ohne Umschweife an: „Glück auf, Kumpel. Was geht ab? Träumst du von der großen Welt des Fußballs? Die wirst du hier auf dem Betze nicht finden. Ich bin auf dem Weg in die Stadien dieser Welt und will mich dort versuchen. Hast du Bock, mitzukommen?" Der Titan sah den Schalker verächtlich an und sprach: „Was bist du denn für ein Vollpfosten? Du Schaumschläger!" – „Von wegen!", antwortete das Schalkerlein, zog die Beine seiner Trainingshose hoch und zeigte dem Torwartriesen seine Stutzen. „Da kannst du lesen, was für ein Spieler ich bin." Der Titan las: „Sieben auf einen Streich!", glaubte, das wären Spieler der Borussia gewesen, die der Schalker alleine ausgetanzt hätte, und bekam ein wenig Respekt vor dem kleinen Kerl. Doch wollte er erst einmal prüfen, was dieser wirklich draufhatte, nahm einen Fußball zwischen seine Hände und drückte ihn zusammen, bis die Luft aus dem Ball entwich. „Das mach mir erst mal nach", sprach der Torhüter, „wenn du was in den Mauen hast." – „Wenn's weiter nichts ist?", sagte das Schalkerlein, „das ist doch Kinderkram", griff in die Tasche, holte das weiche Muffin hervor, welches mittlerweile wie ein Stein aussah und drückte es mit einer Hand so weit zusammen und so viel Luft heraus, bis es schließlich nur noch die Größe eines Kieselsteins hatte. „Na, wat is?", sprach er, „das war ein bisschen was besser, oder?"

Der Titan wusste nicht, was er sagen sollte, und konnte es von dem Pimpf nicht glauben. Da schnappte er sich einen weiteren Fußball und warf diesen so hoch, dass man ihn mit bloßem Auge kaum noch sehen konnte. „Nun, Kurzer, mach mir das mal nach!“ – „Guter Abwurf“, sagte der Schalker, „aber der Ball ist ja irgendwo da hinten wieder runtergekommen; ich will dir mal einen werfen, der nicht wiederkommt“, griff in seine Tasche, nahm den Vogel und warf ihn in die Luft. Der Vogel, froh über seine Freiheit, flog ganz weit hoch und kam nie wieder. „Wie gefällt dir das, Kumpel?“, fragte der Schalker. „O.k., werfen kannst du“, sagte der Titan, „aber nun wollen wir mal sehen, ob du auch was Ordentliches tragen kannst.“

Er führte das Schalkerlein zu einem Fußballtor, das etwas abseits neben dem Trainingsplatz stand, und sagte: „Wenn du stark genug bist, dann hilf mir, das Tor bis ans andere Ende des Spielfeldes zu tragen.“ – „Gerne“, antwortete der kleine Mann, „nimm du den einen Pfosten und geh voran, ich will den anderen nehmen und dir folgen.“ Der Torwart-Riese nahm den ersten Pfosten auf die Schulter, der Schalker aber setzte sich auf die Querlatte, und der Titan, der sich nicht umsehen konnte, musste das ganze Tor und das

Schalkerlein obendrein fortschleppen. Es war da hinten gut drauf und fing an, das Liedchen „Blau und Weiß, wie lieb ich dich" zu pfeifen, als wäre das Toretragen ein Kinderspiel. Nachdem sich der Titan mit der schweren Last ein Stück weit abgemüht hatte, konnte er irgendwann nicht mehr weiter und rief: „Pass auf, ich muss das Tor fallen lassen!" Der Schalker sprang geschickt ab, fasste das Tor mit beiden Armen, als wenn er es die ganze Zeit über getragen hätte, und sprach zum Titan: „Du bist so ein großer Kerl und kannst noch nicht mal das Tor hier tragen."

Sie gingen zusammen weiter, und als sie an einem Kopfballpendel vorbeikamen, fasste der Titan sich den dort aufgehängten Fußball, zog ihn so weit herunter, dass der ganze Mast sich bog, und drückte ihn dem Schalker in die Hand, er solle ihm mal ein paar Tricks zeigen. Das Schalkerlein aber war viel zu schwach, um den Ball halten zu können, und als der Riese losließ, schnellte der Ball an der Leine in die Höhe und riss den Schalker mit in die Luft. Als er wieder ohne Schaden am Boden war, sprach der Titan: „Was ist? Hast du noch nicht mal die Kraft, um so ein Bällchen festzuhalten?" – „An der Power fehlt es nicht", antwortete das Schalkerlein, „meinst du, das wäre was für einen, der sieben mit einem Streich fertig gemacht hat? Ich bin so hoch gesprungen, um dir mal zu zeigen, was Strafraumbeherrschung heißt. Spring doch mal genauso hoch, wenn du kannst." Der Titan unternahm einen Versuch, kam aber nicht ansatzweise so weit, so dass das Schalkerlein auch hier die Oberhand behielt.

Der Titan sprach: „Wenn du so ein toller Spieler bist, komm mit in unser Mannschaftshotel und übernachte bei uns." Das Schalkerlein war einverstanden und folgte ihm. Als sie im Hotel ankamen, saßen da bereits andere Spieler an der Bar, jeder mit einem großen Bier vor sich. Der Schalker sah sich um und dachte, es ist hier doch um vieles nobler als bei mir zu Hause. Der Titan wies ihm ein Zimmer zu und sagte, er solle es sich bequem machen und richtig ausschlafen. Dem Schalker aber war das riesige Himmelbett viel zu groß, und so nahm er sich eine Decke aus dem Schrank und legte sich damit auf die Couch. Als es Mitternacht war und der Titan der Meinung war, das Schalkerlein würde tief und fest schlafen, stand er auf, nahm einen Baseballschläger und schlug damit das Himmelbett kurz und klein und war sich sicher, er hätte den Penner damit erledigt.

Am frühen Morgen zogen er und die restlichen Spieler los zu einem Waldlauf und hatten den

Schalker schon ganz vergessen, als er ihnen auf einmal lustig und vergnügt entgegengejoggt kam. Der Titan und seine Kollegen erschraken, fürchteten, er schlüge sie nun alle zusammen bis zur Sportinvalidität, und rannten in Panik davon.

Der Schalker zog weiter. Nachdem er eine Weile gewandert war, kam er schließlich zur DFB-Zentrale. Weil er hundemüde war, legte er sich ins Gras und schlief kurz darauf ein. Während er so dalag, kamen morgens die ersten Angestellten zur Arbeit, betrachteten ihn von allen Seiten und lasen auf seinen Stutzen „Sieben auf einen Streich". „Altobelli", sprachen sie, „wieso nur ist so ein Spitzenspieler wie der noch kein Nationalspieler? Das muss unser Glückstag sein." Sie gingen los und meldeten es dem Bundestrainer und meinten, wenn in Kürze die Weltmeisterschaft anstehen würde, wäre das ein wichtiger und nützlicher Spieler, den man um jeden Preis verpflichten sollte. Dem Bundestrainer gefiel der Tipp und er schickte umgehend seinen Teammanager los, dem Schalker die Nominierung für ein Länderspiel zu überbringen, sobald er aufgewacht sei. Der Manager blieb bei dem Schläfer stehen, wartete, bis er sich kräftig strecken musste und die Augen aufschlug, und legte ihm dann die Einladung zum Länderspiel vor. „Genau deshalb bin ich hier", antwortete er, „es wird mir eine Ehre sein, den Adler auf der Brust zu tragen." Also wurde er standesgemäß empfangen und in einem First-Class-Hotel untergebracht.

Die anderen Nationalspieler aber waren neidisch auf den Frischling, der sich bislang noch nirgendwo bewährt hatte. „Was sollen wir jetzt machen?", sprachen sie untereinander. „Wenn es hart auf hart kommt und der macht sieben von uns auf einen Streich im Zweikampf frisch, dann können sich einige ihren Platz im WM-Aufgebot abschminken." Also fassten sie einen Entschluss, begaben sich allesamt zum Bundestrainer und teilten ihm ihren Rücktritt aus der Nationalmannschaft mit. „Wir sind nicht dazu gemacht, neben einem Mann zu bestehen, der sieben auf einen Streich fertigmacht." Der Bundestrainer war geschockt, dass er wegen eines genialen Spielers nun sein ganzes Team verlieren sollte, und wünschte, dass er ihn nie getroffen hätte. Er wäre ihn nur allzu gerne wieder losgeworden. Aber er traute sich nicht, ihm den Laufpass zu geben, weil er befürchtete, der Schalker könnte dann für das Geburtsland seiner Mutter auflaufen und ihm den schon sicher geglaubten Weltmeisterschaftspokal entreißen.

Der Coach grübelte und überlegte hin und her, bis er schließlich eine Idee hatte. Er ließ dem Schalkerlein eine Nachricht zukommen und machte ihm ein Angebot. Außerhalb der Stadt hausten zwei riesige Hooligans, die in den Stadien der Liga schon seit geraumer Zeit Verwüstungen anrichteten, andere Fans verprügelten und mit bengalischen Feuern herumspielten. Niemand konnte es mit den beiden aufnehmen, ohne sein Leben in Gefahr zu bringen. Wenn er mit den beiden Hooligans fertig würde, so wollte er ihm die Kapitänsbinde überreichen und obendrauf würde er ihn noch mit seiner einzigen Tochter verkuppeln. Um das zu schaffen, könnte er sich seine beste Elf zur Verstärkung mitnehmen. Mannomann, das wär schon was, dachte sich das Schalkerlein. Kapitän der Nationalmannschaft und dazu noch ein Date mit der schönen Tochter des Trainers, einem Modell und Society-Girl. Das bekommt man nicht alle Tage angeboten. „Ist o.k.", gab er zur Antwort, „die Hooligans werd ich schon erledigen, aber die elf Mann Verstärkung habe ich dazu nicht nötig – wer mit sieben auf einen Streich fertig wird, der braucht sich auch vor zweien nicht zu fürchten."

Das Schalkerlein zog los, und die elf folgten ihm. Als sie zum Waldrand kamen, drehte er sich zu seinen Begleitern um und sagte: „Bleibt hier. Ich regle das allein." Dann verschwand er zwischen den Bäumen. Er blickte nach links, schaute nach rechts. Nach einem Weilchen entdeckte er die beiden schlafend unter einem Baum. Die beiden schnarchten so laut, dass die Äste zitterten. Der Schalker, nicht faul, packte ein paar Steine in seine Taschen und stieg auf den Baum. Als er ungefähr in der Mitte war, rutschte er auf einen dicken Ast, bis er genau über den Schläfern war. Dann ließ er einen Stein nach dem anderen auf die Brust eines der beiden fallen. Der Schläger fühlte lange nichts, doch schließlich wachte er auf, stieß seinen Kollegen an und sprach: „Ey, was schlägst du mich?!" – „Du träumst", sagte der andere, „ich schlage dich doch nicht." Sie legten sich wieder hin und schliefen weiter. Da warf das Schalkerlein auf den zweiten einen Stein. „Was soll das?!", rief der Getroffene. „Was bewirfst du mich?!" – „Ich bewerfe dich nicht", antwortete der erste und brummte genervt. Sie stritten sich eine Weile, aber weil sie beide zu müde waren, fielen ihnen schon bald wieder die Augen zu.

Das Schalkerlein begann sein Spiel aufs Neue, suchte sich den dicksten Stein heraus und warf ihn dem ersten Hooligan mit aller Kraft auf die Brust. „Das ist zu viel!", schrie er, sprang wie ein Wahnsinniger auf und stieß seinen Kumpanen gegen den Baum, dass dieser wackelte. Der andere ließ das nicht auf sich sitzen und schlug mit gleicher Kraft zurück. Sie gerieten in solche Wut, dass sie schließlich wild aufeinander einprügelten, mit Steinen, Stöcken, mit allem, was sie in die Finger bekommen konnten, so lange, bis sie zeitgleich tot zu Boden fielen. Nun sprang das Schalkerlein herab. „Was für ein Glück, dass sie mich nicht entdeckt haben. Die waren ja nicht ganz frisch in der Birne." Er schnitt ein paar Fransen von seinem blau-weißen Schal ab und streute sie auf die beiden Rüpel.

Dann ging er hinaus zu seiner Verstärkung und berichtete: „Der Job ist erledigt, ich habe beide platt gemacht; aber es ist ganz schön zur Sache gegangen. Die zwei haben Stöcke und Steine zu Hilfe genommen, aber genützt hat es ihnen nichts. Aber das war ja zu erwarten bei einem, der sieben auf einen Streich fertiggemacht hat." – „Hast du denn gar nichts abgekriegt?", fragten die Männer. „Nicht die Bohne. Kein Haar haben sie mir gekrümmt." Die Männer wollten ihm kein Wort glauben und liefen in den Wald, wo sie schließlich die Hooligans fanden, wie sie blutend, kreuz und quer übereinander, unter ein paar blau-weißen Fransen lagen.

Das Schalkerlein verlangte daraufhin vom Bundestrainer die versprochene Belohnung, doch der bereute schon sein Versprechen und suchte schnell nach einer anderen Möglichkeit, den neuen Helden wieder loszuwerden. „Bevor du Spielführer wirst und ich dir ein Date mit meiner Tochter verschaffe", sprach er, „musst du noch eine weitere Heldentat für mich vollbringen. Im Wald läuft der Kölner Geißbock frei herum, der dort großen Schaden anrichtet, den musst du erst wieder einfangen." – „Vor einem Ziegenbock fürchte ich mich noch weniger als vor zwei Hooligans; sieben auf einen Streich, das ist mein Ding." Er schnappte sich ein Seil und eine Axt und zog erneut in den Wald. Seine Verstärkung ließ er abermals davor zurück. Er brauchte nicht allzu lange suchen, der Geißbock kam schon bald daher und stürmte direkt auf den Schalker zu, als wolle er ihn aufspießen. „Sachte, sachte, bleib cool", sprach er, blieb stehen und wartete, bis das Tier ganz nahe war, in letzter Sekunde sprang er geschickt hinter einen Baum und der Geißbock krachte mit voller Wucht gegen den Stamm und blieb mit seinen Hörnern im Holz stecken. Er hatte nicht die Kraft, um sich selbst wieder zu befreien, und so war er gefangen. „Hab ich dich, du Mistbock", sagte der Schalker, legte ihm den Strick um den Hals, dann hackte er mit der Axt die Hörner aus dem Baum, und als alles in Ordnung war, führte er das Tier ab und brachte es dem Coach.

Doch der Bundestrainer wollte ihm den versprochenen Lohn immer noch nicht geben und stellte eine dritte Forderung auf. Der Schalker sollte ihm vor dem Date noch das Duisburger Zebra einfangen, das im Wald sein Unwesen trieb, und wieder sollten ihn die elf Elitekicker unterstützen. „Ist mir ein Vergnügen", sprach der Schalker, „das ist ein Klacks", und nahm die Unterstützung wieder nicht mit. Als das Zebra den Schalker erblickte, lief es mit schäumendem Maul und fletschenden Zähnen auf ihn zu und wollte ihn zu Boden werfen. Der flüchtende Held aber sprang in eine kleine Kapelle, ganz in der Nähe, und mit einem weiteren Satz wieder oben aus dem Fenster heraus. Das Zebra war hinter ihm hergelaufen, er aber rannte außen herum und schlug die Tür zu; da war das wütende Tier gefangen, konnte es doch nicht durch das hoch gelegene Fenster entkommen. Das Schalkerlein rief die Männer herbei, damit sie den Gefangenen mit eigenen Augen sehen konnten. Der Held selbst aber begab sich zum Bundestrainer, der nun, ob er wollte oder nicht, sein Versprechen einhalten und ihm die Kapitänsbinde verleihen sowie eine Verabredung mit seiner Tochter arrangieren musste. Hätte er gewusst, dass ein einfacher Schalker und kein Jahrhunderttalent vor ihm stand, es wäre ihm noch mehr zu Herzen gegangen. Und so kamen sich ein kleiner listiger Schalker und eine große junge Laufstegschönheit bei einem romantischen Abendessen näher und die Nationalmannschaft bekam einen neuen Kapitän.

Nach einiger Zeit, die beiden waren mittlerweile verheiratet, hörte die junge Spielerfrau in der Nacht, wie ihr Ehemann im Schlaf sprach:

„Blau und Weiß, wie lieb ich dich,
Blau und Weiß, verlass mich nicht,
blau und weiß ist ja der Himmel
nur, der Himmel nur,
blau und weiß ist unsre
Fußballgarnitur."

Da merkte sie, welche Wurzeln ihr Gatte in Wirklichkeit hatte, und klagte daraufhin am nächsten Morgen ihrem Vater ihr Leid. Sie bat ihn, er möge sie von dem Mann befreien, der ihr mit einem Mal nicht mehr gut genug war. Der Bundestrainer sprach ihr Trost zu und sagte: „Lass in der nächsten Nacht die Tür zu deiner Wohnung und deinem Schlafzimmer geöffnet. Sobald dein Mann eingeschlafen ist, werden meine elf Jungs ihn sich schnappen, fesseln und weit weg zurück in den Pott bringen, aus dem er kommt."

Die Frau gab sich damit zufrieden, aber der Co-Trainer, der alles mitangehört hatte, war ein Freund des Schalkers und erzählte ihm von dem geplanten Anschlag. „Na, das werd ich zu verhindern wissen", sagte das Schalkerlein. Am Abend legte er sich zu gewöhnlicher Zeit mit seiner Frau zu Bett. Als das Modell glaubte, er sei eingeschlafen, stand es auf, öffnete sowohl die Wohnungs- als auch die Schlafzimmertür und legte sich wieder hin. Das Schalkerlein, das sich nur schlafend stellte, fing an, mit heller Stimme zu rufen:

„Blau und Weiß, wie lieb ich dich,
Blau und Weiß, verlass mich nicht,
blau und weiß ist ja der Himmel
nur, der Himmel nur,
blau und weiß ist unsre
Fußballgarnitur.

Ich hab sieben auf einen Streich
fertiggemacht,
zwei Hooligans schlafen gelegt,
einen wilden Ziegenbock gebändigt
und ein wirres Zebra eingefangen
und soll mich vor den Gestalten
fürchten,
die da draußen vor meiner Bude
stehen!?“

Als die Männer den Schalker so reden hörten, bekamen sie es mit der Angst zu tun. Sie liefen so schnell davon, als wäre der Teufel hinter ihnen her. An den Schalker aber traute sich niemand mehr ran und so blieb er sein Leben lang ein prominenter Nationalspieler, mit Auftritten als TV-Experte und eigener Kolumne in der Fachpresse.

Schalker Kumpel

Einem reichen Mann aus Gelsenkirchen, dem wurde seine Frau krank, und als sie fühlte, dass ihr Ende nahte, rief sie ihren einzigen Sohn zu sich ans Bett und sprach:

„Liebes Kind,
Blau und Weiß, wie lieb ich dich,
Blau und Weiß, verlass mich nicht,
blau und weiß ist ja der Himmel
nur, der Himmel nur,
blau und weiß ist unsre
Fußballgarnitur.
Vergiss das nie!"

Darauf schloss sie ihre Augen und starb. Der Junge ging jeden Tag auf den Friedhof, an das Grab der Mutter, und weinte und blieb in seinem Herzen für immer blau und weiß. Nachdem eine Fußballsaison gespielt war, nahm sich der Mann eine andere Frau.

Die Frau brachte zwei Söhne mit ins Haus, die zwar prima mit dem Ball umgehen konnten, aber schwarz-gelb im Herzen waren. Da brach eine schlimme Zeit für den armen Schalker an. „Soll der Penner mit uns zusammen Fußball spielen und mit uns an einem Tisch sitzen?“, sprachen sie, „wer Pommes essen will, muss sie sich verdienen. Zur Hölle mit dem Zeugwart!“ Sie nahmen ihm sein schönes königsblaues Trikot weg, zogen ihm einen ollen, grauen Jogginganzug an und gaben ihm ein paar ausgelatschte Gummi-Crocs. „Seht mal, der stolze Kicker, wie fein er herausgeputzt ist!“, riefen sie, lachten und brachten ihn in die Küche. Da musste er von morgens bis abends schwere Arbeit verrichten, früh vor der Schule aufstehen, die Spülmaschine ein- und ausräumen, den Kaminofen sauber- und anmachen, das Essen in der Mikrowelle aufwärmen und die Wäsche in Waschmaschine und Trockner packen. Obendrein heckten die Brüder alle möglichen Gemeinheiten gegen ihn aus, verspotteten ihn und schütteten seine M&M’s

in die Töpfe mit Hydrokulturen, so dass er sie mühsam wieder heraussuchen musste. Abends, wenn er sich müde gearbeitet hatte, kam er in kein Bett, sondern musste sich mit einem Schlafsack vor den Kaminofen legen. Und weil er aus diesem Grund immer staubig und schmutzig aussah, wie auf Kohle geboren, nannten sie ihn Schalker Kumpel.

Es trug sich zu, dass der Vater einmal geschäftlich auf einer Messe zu tun hatte. Da fragte er die beiden Stiefsöhne, was er ihnen mitbringen sollte? „Ein Dortmund-Trikot", sagte der eine, „und dazu noch eine Playstation Portable", rief der zweite. „Aber du, Kumpel", sprach er, „was möchtest du gerne haben?" – „Paps, das erste Blatt, das dir ins Cabrio fliegt, brich mir bitte von diesem Baum einen Zweig ab." Er kaufte nun für die beiden Stiefbrüder neue schwarz-gelbe Dortmund-Trikots sowie für jeden eine PSP, und auf dem Rückweg, als er mit seinem Wagen über eine Allee brauste, fiel ihm das Blatt eines Haselnussbaums in sein Cabriolet. Da fuhr er rechts ran, brach einen Zweig ab und nahm ihn mit. Als er nach Hause kam, gab er den Stiefsöhnen, was sie sich gewünscht hatten, und dem Schalker Kumpel gab er den Haselnusszweig. Der Schalker dankte ihm, ging zum Grab der Mutter und pflanzte den Zweig darauf und weinte so sehr, dass die Tränen darauf niederfielen und ihn begossen. Der Zweig aber wuchs und wurde zu einem schönen Baum. Der Schalker Kumpel ging jeden Tag dreimal dorthin, weinte und sang „Blau und Weiß" und allemal kam ein weißes Vögelchen auf den Baum, und wenn er einen Wunsch aussprach, so warf ihm der Vogel das herunter, was er sich gewünscht hatte.

Es begab sich aber, dass der Bundestrainer ein Probetraining abhielt, das drei Tage dauern sollte und bei dem alle Fußballspieler des Landes vorspielen konnten, damit er sich einen neuen Capitano für die Nationalmannschaft aussuchen konnte. Die zwei Stiefbrüder, als sie hörten, dass auch sie ihr Können vorführen sollten, waren guter Dinge, riefen den Schalker und sprachen: „Gel uns die Haare, putz unsere Fußballschuhe und zieh uns die Stutzen hoch, wir gehen zum Probetraining des Bundestrainers nach Kaiserau. Der Kumpel gehorchte, weinte aber, weil auch er gerne zum Fußball mitgegangen wäre, und bat die Stiefmutter um Erlaubnis. „Hey Kumpel", sprach sie, „du bist total verdreckt und willst zum Training? Du hast kein Trikot und keine Fußballschuhe und willst spielen?" Als er aber nicht aufhörte, sie darum zu bitten, sprach sie schließlich: „Hier, ich hab dir eine Schüssel M&M's in meine

Blumenkübel mit Deko-Sand geschüttet; wenn du die M&M's in zwei Stunden alle wieder herausgesucht hast, ohne dabei eines zu essen, so sollst du mitgehen." Der Junge ging durch die Terrassentür in den Garten und rief:

„Blau und Weiß, wie lieb ich dich,
Blau und Weiß, verlass mich nicht!
Tausend Freunde, die zusammenstehen,
dann wird der FC Schalke niemals untergehen!
Kommt, helft mir beim Suchen,
die M&M's ins Pöttchen,
den Deko-Quatsch ins Söckchen."

Da kamen zum Fenster zwei weiße Tauben herein, danach zwei Spatzen und schließlich flogen alle möglichen Vögel herbei und ließen sich um den Kübel mit buntem Sand herum nieder. Und die Tauben nickten mit den Köpfen und fingen an: Pik, pik, pik, pik, und da fingen die Übrigen auch an: Pik, pik, pik, pik und suchten alle M&M's in die

Schüssel. Nach noch nicht einmal einer Stunde waren sie schon fertig und machten sich wieder vom Hof. Da brachte der Junge die Schüssel zur Stiefmutter, freute sich und glaubte, er dürfte nun mit zum Probetraining gehen. Aber sie sprach: „Nein, Kumpel, du hast kein Trikot und kannst überhaupt nicht spielen, du wirst nur ausgelacht." Als er nun weinte, sprach sie: „Wenn du mir zwei Schüsseln mit M&M's in einer Stunde aus dem Deko-Sand raussuchen kannst, so sollst du mitgehen", und dachte, das kann er niemals schaffen. Als sie die zwei Schüsseln M&M's in den bunten Sand geschüttelt hatte, ging der Junge durch die Terrassentür in den Garten und rief:

„Blau und Weiß, wie lieb ich dich,
Blau und Weiß, verlass mich nicht!
Tausend Freunde, die zusammenstehen,
dann wird der FC Schalke niemals
untergehen!
Kommt, helft mir beim Suchen,
die M&M's ins Pöttchen,
den Deko-Quatsch ins Söckchen."

Da kamen zum Fenster zwei weiße Tauben herein, danach zwei Spatzen und schließlich flogen alle möglichen Vögel herbei und ließen sich um den Kübel mit buntem Sand herum nieder. Und die Tauben nickten mit den Köpfen und fingen an: Pik, pik, pik, pik, und da fingen die Übrigen auch an: Pik, pik, pik, pik und suchten alle M&M's in die Schüssel. Und eh eine halbe Stunde herum war, waren sie schon fertig und machten sich wieder vom Hof. Da trug der Junge die Schüssel zur Stiefmutter, freute sich und glaubte, nun dürfte er mit zum Probetraining gehen. Aber sie sprach: „Es hilft dir alles nichts: du kommst nicht mit, denn du hast kein Trikot und kannst überhaupt nicht spielen, wir würden uns mit dir ja blamieren", darauf kehrte sie ihm den Rücken zu und eilte mit ihren zwei eingebildeten Söhnen fort.

Als nun niemand mehr daheim war, ging der kleine Kumpel zum Grab seiner Mutter und rief:

„Bäumchen rüttle dich und schüttle dich,
wirf Blau und Weißes über mich."

Da warf ihm der Vogel ein blau-weißes Trikot herunter, mit den passenden Fußballschuhen, samt Hose und Stutzen dazu. In aller Eile zog er die Sachen an und ging zum Auswahltraining. Seine Brüder und die Stiefmutter erkannten ihn nicht und waren der Meinung, es müsse sich bei ihm um einen auswärtigen Spieler handeln, von einem Topklub der Primera Division, der Serie A oder der Premier League, so toll sah er in seinem Dress aus und so perfekt war seine Ballbehandlung. An den Schalker Kumpel dachten sie gar nicht, denn sie waren fest davon überzeugt, dass dieser zu Hause weiterhin M&M's aus Mutters Deko-Sand suchen würde. Der Bundestrainer kam schließlich auf ihn zu und ließ sich zeigen, was er am Ball so alles draufhätte. Egal ob Dribbling, Zweikampfverhalten, Ecken oder Freistöße, der Bundestrainer war begeistert und wollte sich gar keine anderen Spieler mehr ansehen, und wenn sein Co-Trainer ihm mal einen anderen zeigen wollte, sprach er mit Blick auf den Schalker: „Das ist mein Capitano."

Er spielte, bis das Flutlicht anging, da wollte er nach Hause gehen. Der Bundestrainer aber sprach: „Ich komme mit und begleite dich", denn er wollte sehen, welchem Verein der talentierte Kicker angehörte. Er entwischte ihm aber und sprang in die Kabine. Nun wartete der Bundestrainer, bis der Teammanager kam, und sagte ihm, der fremde Junge wäre in die Kabine gesprungen. Der Manager ließ sich daraufhin Boschhammer und Kettensäge bringen, damit er die Spielerkabine einreißen konnte, aber es war niemand mehr darin. Und als die Stiefmutter mit ihren zwei Borussen nach Hause kam, lag der kleine Kumpel in seinen schmutzigen Sachen vor dem Ofen, und ein trübes Grubenlämpchen brannte neben ihm, denn der Kumpel war geschwind hinten aus dem Kabinentrakt gerannt und war zum Haselnussbäumchen gelaufen, da hatte er das schöne Trikot ausgezogen und aufs Grab gelegt, und der Vogel hatte sie wieder weggenommen. Dann hatte er sich in seinen grauen Jogginganzug geschmissen und in die Küche neben die Briketts gesetzt.

Am nächsten Tag, als das Auswahltraining fortgesetzt wurde und die Eltern und Stiefbrüder wieder fort waren, ging der Schalker zum Haselnussbaum und sprach:

„Bäumchen rüttle dich und schüttle dich,
wirf Blau und Weißes über mich."

Da warf der Vogel das strahlende Champions-League-Trikot der Schalker auf ihn herab, und als er mit der Montur beim Training erschien, machte ein Raunen die Runde. Der Bundestrainer aber hatte auf ihn gewartet, nahm ihn gleich zur Seite und ließ ihn „4 gegen 1" spielen. Wenn er sich einen anderen Spieler ansehen sollte, sagte er nur: „Das ist mein Capitano." Als es nun wieder Abend wurde, wollte er fort, und der Bundestrainer ging ihm nach und wollte sehen, in welches Haus er ging, aber er konnte ihm wieder entwischen und in den Garten hinter seinem Haus entkommen. Darin stand ein schöner großer Birnbaum, und geschickt wie ein Eichhörnchen kletterte er so weit nach oben, dass der Trainer ihn aus den Augen verlor. Doch der rief erneut seinen Teammanager per Handy zu Hilfe und sprach zu ihm: „Der fremde Spieler ist mir entwischt und ich glaube, er ist den Birnbaum geklettert." Der Manager ließ sich daraufhin die Kettensäge bringen und nachdem der Vater nach Hause gekommen war, fällte er mit dessen Erlaubnis den Baum, aber es war niemand darauf. Und als sie in die Küche kamen, lag der Schalker da im Staub der Briketts, wie sonst auch, denn er war auf der anderen Seite vom Baum heruntergesprungen, hatte dem Vogel auf dem Haselnussbaum das schöne Trikot wiedergebracht und seinen grauen Jogginganzug angezogen.

Am dritten Tag, als die Eltern und Brüder fort waren, ging der Kumpel erneut zum Grab der Mutter und sprach zu dem Baum:

„Bäumchen rüttle dich und schüttle dich,
wirf Blau und Weißes über mich."

Nun warf ihm der Vogel das Auswärtstrikot der Schalker herab, in „ultra-beauty" war es so prächtig und glänzend wie kein anderes und das schönste, das er je gehabt hatte, und die Fußballschuhe waren golden wie die eines dieser exzentrischen Ballzauberer vom Zuckerhut. Als er in diesem Outfit zum Abschlusstraining kam, waren alle sprachlos. Der Bundestrainer absolvierte erneut ein Sondertraining mit ihm, und wenn ihn wieder einer aufforderte, sich einen anderen Kicker anzusehen, sprach er: „Das ist mein Capitano." Als es nun Abend war, wollte der Schalker fort, und der Bundestrainer wollte ihn begleiten, aber der

Kumpel lief so schnell, dass er nicht folgen konnte. Doch der Coach war dieses Mal darauf vorbereitet und hatte die große Treppe mit Haftkleber einstreichen lassen, und so blieb der linke Fußballschuh kleben, als der Junge die Stufen hinabsprang. Der Bundestrainer hob ihn auf, und er hatte ungefähr die Größe 41 und war ganz golden.

Am nächsten Morgen trat er damit vor die Presse und verkündete: „Kein anderer soll mein neuer Capitano werden als der, an dessen Fuß dieser Schuh passt." Da freuten sich die beiden Brüder, denn sie hatten schöne gepflegte Füße. Der älteste zog mit dem Schuh auf sein Zimmer und wollte ihn anprobieren, und die Mutter ging mit ihm. Aber er passte mit seinem großen Zeh einfach nicht hinein, der Schuh war einfach zu klein, da reichte ihm die Mutter ein Messer und sprach: „Hau ab den Zeh, wenn du erst mal Kapitän der Nationalmannschaft bist, laufen deine Mitspieler für dich." Der Junge schnitt sich den Zeh ab, zwängte sich in den Schuh, verbiss sich den Schmerz und ging hinaus zum Bundestrainer. Der ließ ihn in seinen Dienstwagen einsteigen und fuhr mit ihm fort. Auf dem Weg zur DFB-Zentrale kamen sie am Grab der Mutter vorbei, da saßen die zwei weißen Tauben auf dem Haselnussbaum und riefen:

„Rucke di guh, rucke di guh,
Blut ist im Schuh,
der Schuh ist viel zu klein,
der rechte Spieler sitzt noch daheim."

Da blickte der Coach dem Jungen seinen Fuß und sah, wie das Blut herausquoll und die schöne helle Innenausstattung seines Autos versaute. Mit quietschenden Reifen wendete er den Wagen und brachte den falschen Spieler wieder nach Haus und sagte, das wäre nicht der echte, der andere Bruder solle den Schuh anziehen. Da ging der auf sein Zimmer und passte glücklich und bequem mit all seinen Zehen hinein, aber die Ferse war zu groß. Da reichte ihm die Mutter ein Messer und sprach: „Hau ein Stück von der Ferse ab, wenn du erst mal Kapitän der Nationalmannschaft bist, laufen deine Mitspieler für dich." Der Junge schnitt sich daraufhin ein Stück von der Ferse ab, zwängte sich in den Schuh, verbiss sich den Schmerz und ging hinaus zum Bundestrainer. Der ließ ihn in seinen Dienstwagen einsteigen und fuhr mit ihm fort. Als sie an dem Haselnussbäumchen vorbeikamen, saßen die zwei Tauben darauf und riefen:

„Rucke di guh, rucke di guh,
Blut ist im Schuh,
der Schuh ist viel zu klein,
der rechte Spieler sitzt noch daheim."

Der Coach blickte nach unten auf den Fuß und sah, wie das Blut aus dem Schuh lief, bereits Flecken auf den weißen Ledersitzen hinterließ und an den schwarz-gelben Stutzen bereits ganz rot aufgestiegen war. Da wendete er umgehend mit quietschenden Reifen seinen Wagen und brachte den falschen Spieler wieder nach Haus. „Das ist nicht der rechte", sprach er, „habt ihr nicht noch einen anderen Sohn?" – „Nein", sagte der Vater, „nur von meiner verstorbenen Frau ist noch ein kleiner Schalker Kumpel da. Der kann unmöglich der Spieler sein, den ihr sucht." Der Bundestrainer sprach, er solle ihn raufkommen lassen. Die Mutter aber wiegelte ab: „Ach nee, lasst mal gut sein, der ist viel zu schmutzig und kann gar nichts am Ball, der darf sich hier so nicht sehen lassen." Der Coach aber bestand darauf, dass der Schalker gerufen wurde.

Da wusch er sich zügig Gesicht und Hände, ging dann hinaus und trat schüchtern vor den Bundestrainer, der ihm den goldenen Schuh reichte. Dann setzte er sich auf einen Hocker, zog den Fuß aus den ausgelatschten Gummi-Crocs und steckte ihn in den goldenen Fußballschuh, der ihm wie angegossen passte. Und als er aufstand und ihm der Trainer ins Gesicht sah, so erkannte er seinen Spieler, mit dem er die ganzen Tage über trainiert hatte, und rief: „Das ist mein Capitano!" Die Stiefmutter und die beiden Brüder erschraken, ärgerten sich schwarz und wurden gelb vor Neid, er aber ließ den kleinen Schalker Kumpel in seinen Wagen einsteigen und fuhr mit ihm davon. Als sie an dem Haselnussbäumchen vorbeikamen, riefen die zwei weißen Täubchen:

„Rucke di guh, rucke di guh,
kein Blut ist im Schuh,
der Schuh ist nicht zu klein,
dies muss der echte Capitano sein!"

Und als sie das gerufen hatten, kamen die beiden herabgeflogen und setzten sich beim Schalker auf die Schultern, eine rechts, die andere links, und blieben da sitzen.

Als das erste Länderspiel mit dem neuen Capitano anstand, kamen die falschen Borussen-Brüder, wollten sich einschmeicheln, seinen Ruhm für sich ausnutzen und sich auf seine Kosten ein schönes Leben machen. Als der neue Capitano seine Mannschaft aufs Feld führte, verfolgten die beiden das Geschehen, Champagner schlürfend aus der V.I.P.-Loge, da wurden sie von den beiden Tauben, von der Anzeigetafel aus, mit einem Laserpointer geblendet. Zuerst das rechte und nach der Halbzeitpause das linke Auge. Der Laserstrahl war so stark, dass sie beide komplett erblindeten und fortan eine gelbe Armbinde mit drei schwarzen Punkten tragen mussten, passend zu ihrem BVB-Wappen. So waren sie für ihre Bosheit und Falschheit ihr Leben lang bestraft.

Schneetrickchen

Es war einmal mitten im Winter, und die Schneeflocken fielen wie Konfetti bei der Pokalübergabe vom Himmel herab, da saß der Schalker Klubmanager an seinem Fenster im Büro der Geschäftsstelle mit Aussicht auf die königsblauen Fahnen rund um die Arena. Frustriert brütete er über der aktuellen Tabelle der laufenden Saison, die bislang sehr enttäuschend verlaufen war. Wie er so grübelte, was man denn alles ab dem nächsten Jahr besser machen könnte, und nach dem Schnee draußen aufblickte, schnitt er sich an dem Blatt Papier den Finger, und es fielen drei Tropfen Blut auf sein weißes Hemd. „Immer wieder die doofen Roten", sagte er laut, mit Blick auf Tabelle und Hemd. Hätten wir doch einen Spieler, so weiß wie Schnee, so königsblau wie – ja – der Himmel nur und so schwarz wie die Kohle hier im Revier. Bald darauf hatte er ein junges Talent in seinen Reihen, die Haut so weiß wie Schnee, die Augen so blau wie – ja – der Himmel nur und so schwarzhaarig wie die Kohle im Pott, und weil sein Spiel dazu noch sehr trickreich war, wurde es nur „Schneetrickchen" genannt. Und wie der Spieler seinen ersten Profivertrag unterschrieb, starb der Manager.

Eine Saison später nahm der Präsident sich einen anderen Manager. Es war ein ehemaliger Nationalspieler mit titelreicher Karriere, aber er war arrogant und überheblich und konnte es überhaupt nicht leiden, wenn jemand ihm seinen Status als Spieler des Jahrhunderts mit sämtlichen Rekorden und Bestmarken streitig machte. Er hatte einen wundersamen Spiegel; wenn er vor diesen trat und sich eitel darin betrachtete, sprach er:

„Spieglein, Spieglein an der Wand,
wer ist der Beste im ganzen Land?"

So antwortete der Spiegel:

„Herr Manager,
Ihr seid der Beste im Land."

Da war er ganz zufrieden, denn er wusste, dass der Spiegel die Wahrheit sagte. Schneetrickchen aber entwickelte sich und wurde immer besser, und als sieben Spielzeiten vergangen waren, war er so gut wie nie und besser als der Manager selbst. Als dieser dann wieder einmal seinen Spiegel fragte:

„Spieglein, Spieglein an der Wand,
wer ist der Beste im ganzen Land?"

Da antwortete der Spiegel:

„Herr Manager, Ihr seid der Beste hier;
aber Schneetrickchen
ist tausendmal besser als Ihr."

Da erschrak der Manager und ärgerte sich schwarz und wurde gelb vor Neid. Von diesem Moment an, wenn er Schneetrickchen sah, drehte sich ihm der Magen um, so sehr hasste er den jungen Mann. Und der Neid und die Arroganz wuchsen in ihm wie ein Krebsgeschwür, bis er Tag und Nacht keine Ruhe mehr hatte.

Da rief er einen Spielerberater zu sich und sprach: „Verkauf den Jungen ins Ausland, am besten auf die Insel. Ich will ihn nicht mehr sehen. Und sorg dafür, dass er dort kaputt getreten wird, Sportinvalide, und bring mir seine Kreuzbänder als Trophäe mit!" Der Berater gehorchte und verkaufte ihn in die Premier League, und als er einen grobschlächtigen, volltätowierten, britischen Abwehrhühnen auf ihn hetzte und dieser bereits zur Blutgrätsche ansetzte, um die jungfräulichen Kniegelenke von Schneetrickchen zu zertrümmern, fing dieser an, um Gnade zu betteln: „Ach komm schon, lieber Spielerberater, lass mir meine Gesundheit; ich werde auch weggehen, weit, weit weg, nach Russland oder so, mir ganz egal, und nie wieder heimkommen."

Und weil er doch so begnadet am Ball war und mit diesen unschuldig dreinblickenden, strahlend blauen Augen gesegnet war, hatte der Spielervermittler schließlich Mitleid mit ihm und sprach: „Nun hau schon ab, du armer Kerl!" – Die Verteidiger jenseits des Ural werden dich schon bald in Stücke gerissen haben, dachte er, und dennoch fiel ihm ein riesiger Stein vom Herzen, weil er ihn nicht selbst hatte kaputt treten lassen müssen. Als ein junger Frischling vom Zuckerhut dahergesprungen kam, setzte er seinen englischen Zerstörer auf diesen an und nahm dessen Kreuzbänder als Trophäe mit nach Hause zum Manager.

Der Caterer musste sie mit Fritten und Currysoße servieren, und der boshafte Kerl aß sie auf und war danach der festen Überzeugung, er hätte die Kreuzbänder Schneetrickchens gegessen.

Nun war der Junge mutterseelenallein in der harten, rauen Welt des osteuropäischen Fußballs, und beim Anblick der steinhart gefrorenen Plätze und der eisenharten Abwehrspieler ward ihm angst und bange, und er wusste nicht, wie er sich helfen sollte. Da fing er an zu rennen und rannte über die holprigen Äcker und durch die gegnerischen Abwehrreihen, und die wilden Verteidiger sprangen allesamt an ihm vorbei und foulten ihn nicht. Er lief, so weit ihn die Füße trugen, bis er eines Abends an ein kleines Klubheim kam, wo er sich ausruhen wollte. In dem Verein war alles klein, aber alles so organisiert und in Schuss, dass man nicht meckern konnte. Da stand ein blau-weiß gedeckter Tisch mit elf Tellern, jeder mit dem passenden Besteck und elf Gläsern. An der Wand waren elf Betten nebeneinander aufgestellt und schneeweiße Laken darübergedeckt, und darauf lag jeweils, fein säuberlich gefaltet, ein königsblauer Schalke-Schal. Schneetrickchen, weil er so einen großen Durst und auch Schmacht hatte, aß von jedem Teller ein paar Pommes und Chicken-Wings und trank aus jedem Glas einen Tropfen Gerstensaft; denn er wollte nicht einem allein alles wegfuttern, später, weil er so müde war, legte er sich in ein Bett, aber keines passte so richtig; das eine war zu hart, das andere zu weich, bis endlich das elfte recht war; und darin blieb er nun liegen, dankte dem Fußballgott und schlief ein.

Als es dunkel geworden war, kamen die Herren des Klubheims, das waren elf Kumpel, die unter Tage nach Kohle hackten und gruben. Sie knipsten elf LED-Lämpchen an, und wie es nun hell wurde in der Bude, sahen sie, dass jemand da gewesen war, denn es stand nicht alles an seinem gewohnten Platz, wie sie es verlassen hatten. Der erste sprach: „Wer hat auf meinem Stuhl hier gesessen?" Der zweite: „Wer hat von meinem Teller was gegessen?" Der dritte: „Wer hat sich an meinen Pommes hier bedient?" Der vierte: „Wer hat sich welche von meinen Chicken-Wings gemopst?" Der fünfte: „Wer hat sich meine Gabel hier gegriffen?" Der sechste: „Wer hat mit meinem Messer was geschnitten?" Der siebte: „Wer hat den Ketchup angebrochen?" Der achte: „Wer hat die Mayo aufgeschraubt?" Der neunte: „Wer hat den Kuchen angeschnitten?" Der zehnte: „Wer hat von meinem Bier getrunken?" Der elfte: „Wer hat den Kühlschrank aufgelassen?" Dann sah sich der erste um und erkannte, dass auf seinem Bett eine kleine Delle war, da sprach er: „Wer hat hier in mein Bett getreten?“ Die anderen kamen angelaufen und riefen: „In meinem Bett hat auch jemand gelegen!“ Der elfte aber, als er in sein Bett sah, erblickte Schneetrickchen, der darin lag und schlief. Nun rief er die anderen, die kamen angerannt und staunten nicht schlecht, holten ihre elf Grubenlampen und beleuchteten Schneetrickchen. „Alter Falter, der Kleine sieht echt töfte aus!“, riefen sie und hatten so 'nen Spaß inne Backen, dass sie ihn nicht weckten, sondern weiterratzen ließen. Der elfte Knappe haute sich für jeweils eine Halbzeit bei seinen Kumpels aufs Ohr, da war die Nacht auch schon rum.

Am nächsten Morgen erwachte Schneetrickchen, und wie er die elf Kumpel sah, erschrak er. Sie waren aber freundlich und fragten: „Wie heißt du?“ – „Ich heiße Schneetrickchen“, antwortete er. „Wir sind der Schalke-Fanklub *Königsblaue Frostbeulen*. Wie bist du in unser Klubheim gekommen?“, fragten die Knappen weiter. Da erzählte er ihnen vom bösen Manager, der ihn verkauft hatte und kaputt treten lassen wollte, wie der Spielerberater ihm aber seine Gesundheit gelassen und er die Flucht in die sibirische Kälte angetreten hatte, bis er endlich ihr Häuschen gefunden hätte. Die Knappen sprachen: „Willst du unser Klubheim in Ordnung halten, die Satellitenschüssel schnee- und eisfrei halten, immer das Bier im Kühlschrank nachlegen, den Pizza-Service anrufen, die Fanschals waschen, die Fußballschuhe putzen und ab und an mal mit dem Staubsauger hier durchgehen, so kannst du bei uns bleiben und es soll dir an nichts fehlen." – „Ja", sagte Schneetrickchen, „super gerne!", und blieb bei ihnen. Er hielt die Hütte in Schuss: Morgens gingen sie unter Tage und bauten Kohle ab, abends kamen sie wieder, und da musste das Essen parat stehen. Den Tag über war der Junge allein; da warnten ihn die Kumpel und sprachen: „Hüte dich vor deinem Manager, der wird schon bald wissen, dass du hier bist, lass ja niemanden herein."

Der Manager aber, nachdem er glaubte, Schneetrickchens Kreuzbänder gegessen zu haben, dachte an nichts anderes, als dass er wieder der Allerbeste sei, trat vor den Spiegel und sprach:

„Spieglein, Spieglein an der Wand,
wer ist der Beste im ganzen Land?"

Da antwortete der Spiegel:

„Herr Manager, Ihr seid der Beste hier;
aber Schneetrickchen,
hinter den Wiesen und Auen,
bei den elf Königsblauen
ist noch tausendmal besser als Ihr."

Da erschrak er, denn er wusste, dass der Spiegel keine Unwahrheiten verbreitete, und merkte, dass der Spielervermittler ihn betrogen hatte und Schneetrickchen noch nicht Sportinvalide war. Und da grübelte er aufs Neue, wie er ihn für immer ausschalten wollte. Denn solange er nicht der Beste war im ganzen Land, ließ ihm der Neid keine Ruhe. Und als er sich endlich etwas ausgedacht hatte, legte er sich exzessiv unters Solarium, blondierte sich die Haare, packte seine Maßanzüge beiseite und kleidete sich in billige Discounter-Ware, so dass er schließlich wie ein schäbiger Vertreter aussah und nicht mehr zu erkennen war. In diesem Outfit zog er über die Wiesen und Auen zu den elf Königsblauen, klopfte an die Tür und rief: „Super Angebote! Topqualität, zu kleinen Preisen!" Schneetrickchen guckte zum Fenster raus und rief: „Glück auf, guter Mann, was habt ihr zu verkaufen?" – „Super Sachen, alle ‚made in Germany'", antwortete er, „Schnürsenkel zum

Beispiel, in allen Farben", und holte einen hervor, der aus bunter Seide geflochten war. Den ehrlichen Mann kann ich hereinlassen, dachte Schneetrickchen, schloss die Tür auf und kaufte sich den tollen Schnürsenkel für seine ebenfalls farblich ausgefallenen Fußballschuhe.

„Ach Jungchen", sprach der Alte, „wie du aussiehst! Komm, lass mich da mal ran. Ich will dir mal ordentlich die Schuhe binden." Schneetrickchen wunderte sich zwar ein wenig, stellte sich dann aber vor den Alten und ließ sich seine Fußballschuhe mit dem neuen Riemen binden; aber der Alte schnürte super schnell und so fest, dass dem Schneetrickchen die Blutzufuhr abgeschnürt wurde, sein Fuß schlief ein, dann das Bein und schließlich der ganze Junge, so dass er krachend zu Boden fiel und dalag wie tot. „Nun bist du der Beste gewesen", sprach der Alte und eilte hinaus.

Nur kurz darauf, zur Abendzeit, kamen die elf Knappen nach Haus; aber was für ein Schock, wie sie ihren Kumpel da liegen sahen und dieser sich weder regte noch bewegte, ganz so wie tot. Sie stellten ihn wieder auf seine Füße, und als sie sahen, dass seine Schuhe viel zu fest geschnürt waren, schnitten sie die Schnürsenkel durch – da fing sein Fuß an, wieder etwas zu zucken, und nach und nach kehrte das Leben in ihn zurück.

Als die Knappen hörten, was geschehen war, sprachen sie: „Der alte Vertreter war niemand anderes als der seelenlose Manager – sei auf der Hut und lass keinen Menschen herein, wenn wir nicht bei dir sind."

Der böse Kerl aber, sowie er nach Hause gekommen war, trat an den Spiegel und fragte:

„Spieglein, Spieglein an der Wand,
wer ist der Beste im ganzen Land?"

Da antwortete er wie sonst auch:

„Herr Manager, Ihr seid der Beste hier;
aber Schneetrickchen,
hinter den Wiesen und Auen,
bei den elf Königsblauen
ist noch tausendmal besser als Ihr."

Als er das hörte, bekam er fast einen Herzinfarkt, so erschrak er, denn er erkannte, dass Schneetrickchen wieder lebendig war. „Nun aber", sprach er, „will ich mir was überlegen, um dich endgültig fertigzumachen", und mit einer Anleitung aus dem Internet machte er einen giftigen Kamm.

Dann ließ er sich einen grauen Dreitagebart wachsen, verkleidete sich und nahm so die Gestalt eines alten Mannes an. So zog er über die Wiesen und Auen zu den elf Königsblauen, klopfte an die Tür und rief: „Super Angebote! Topqualität, zu kleinen Preisen!“ Schneetrickchen schaute heraus und sprach: „Zieht weiter, ich darf niemanden hereinlassen.“ – „Aber anschauen darfst du dir doch wohl was“, sprach der Alte, zog den giftigen Kamm heraus und hielt ihn in die Höhe. Wow! – Das Ding sah echt hammermäßig aus, und da Schneetrickchen schon immer auf sein Äußeres und im Speziellen auf den Look seiner Haare geachtet hatte, ließ er sich bequatschen und öffnete die Tür.

Als sie sich auf einen Preis geeinigt hatten, sprach der Alte: „Mein Gott, siehst du aus. Warte, bevor ich wieder gehe, werd' ich dich aber einmal ordentlich stylen.“ Der arme Junge ahnte nichts Schlimmes und ließ den Alten machen, der ihn irgendwie an einen bekannten Promi-Frisör erinnerte; aber kaum hatte dieser den Kamm in die Haare gesteckt, als das Gift darin auch schon wirkte und Schneetrickchen bewusstlos zu Boden fiel. „Du Ausgeburt von Supertalent“, sprach der boshafte Kerl, „das war's dann für dich!“, und ging fort. Zum Glück aber war es bald Abend, und die elf Knappen kamen nach Haus. Als sie Schneetrickchen wie tot auf der Erde liegen sahen, hatten sie gleich den Manager in Verdacht, suchten eilig alles ab und fanden schließlich den giftigen Kamm, und kaum hatten sie ihn aus den Haaren gezogen, da kam Schneetrickchen wieder zu sich und erzählte, was passiert war. Da warnten sie ihn noch einmal, stets vorsichtig zu sein und niemandem die Türe zu öffnen.

Der Manager stellte sich daheim vor seinen Spiegel und sprach:

„Spieglein, Spieglein an der Wand,
wer ist der Beste im ganzen Land?"

Da antwortete dieser wie schon zuvor:

„Herr Manager, Ihr seid der Beste hier,
aber Schneetrickchen,
hinter den Wiesen und Auen,
bei den elf Königsblauen
ist noch tausendmal besser als Ihr."

Als er den Spiegel so reden hörte, zitterte und bebte er vor Zorn. „Schneetrickchen soll sterben", rief er, „und wenn es das Letze ist, was ich tue!" Darauf verzog er sich in eine abgelegene Kammer, tief in der verbotenen Stadt, wo nie jemand freiwillig hinkam, und machte dort einen giftigen Apfel. Rein äußerlich sah er schön aus, weiß mit roten Backen, sodass jeder, der ihn erblickte, tierischen Heißhunger auf das Ding bekam; aber wer ein Stückchen davon aß, um den war es geschehen, der musste sterben. Als der Apfel fertig war, parkte sich der Manager erneut stundenlang unterm Solarium und verkleidete sich diesmal als armer Malocher und zog so über die Wiesen und Auen, zu den elf Königsblauen.

Er klopfte an, Schneetrickchen streckte den Kopf zum Fenster raus und sprach: „Ich darf keine Leute reinlassen, die Satzung unseres Fanklubs verbietet es." – „Is' mir doch Pelle", antwortete der Malocher, „meine Äppel krieg ich schon los. Da, einen kannste haben, für lau." – „Nein", sprach Schneetrickchen, „ich darf nichts annehmen." – „Hast du Schiss vor Gift oder so?", sprach der Alte. „Siehste, ich schneid den Appel in zwei Teile, die rote Hälfte is' deine, die weiße will ich essen." Der Apfel aber war so gut manipuliert, dass nur die rote Seite vergiftet war. Schneetrickchen war echt scharf auf das Obst, und als er sah, dass der Alte davon aß, so konnte er nicht länger widerstehen, streckte die Hand aus und nahm die giftige Hälfte. Kaum aber hatte er einen Bissen davon im Mund, so fiel er tot um. Da beugte sich der Manager mit grausigem Blick über ihn, lachte lauthals und sprach: „Weiß wie Schnee, königsblau wie – ja – der Himmel nur und schwarz wie die Kohle im Revier! Diesmal können dich die Knappen nicht wieder erwecken.“ Und als er daheim den Spiegel befragte:

„Spieglein, Spieglein an der Wand,
wer ist der Beste im ganzen Land?“

Da antwortete dieser endlich:

„Herr Manager,
Ihr seid der Beste im Land.“

Da gab sein neidisches Herz Ruhe, das heißt, so gut ein neidisches Herz überhaupt Ruhe geben kann.

Die Knappen, wie sie abends zurück ins Klubheim kamen, fanden Schneetrickchen auf der Erde liegen, und er atmete kein Stück mehr und war mausetot. Sie hoben ihn auf, suchten, ob sie was Giftiges fänden, schnürten die Schuhe auf, kämmten ihm die Haare aus, stellten ihn unter die kalte Dusche, aber es half alles nichts; der gute Junge war tot und blieb tot. Sie legten ihn auf eine Bahre und setzten sich alle elf darum und trauerten drei volle Tage lang. Anschließend wollten sie ihn begraben, aber er sah noch so frisch aus, als käme er gerade vom Fußballplatz nach einem lockeren Trainingsspiel. Sie sprachen: „Das können wir nicht bringen, ihn einfach so in der dunklen Erde versenken", und ließen einen durchsichtigen Sarg, ganz aus Glas, anfertigen, so dass man ihn von allen Seiten sehen konnte, legten ihn hinein und schrieben mit goldenen Buchstaben seinen Namen darauf und dass er ein königsblauer Schalker wäre. Dann trugen sie den Sarg hinauf auf einen Berg und immer blieb einer von ihnen dabei, um Wache zu halten. Und nach und nach kamen die verschiedensten Spieler von überall her, um Schneetrickchen die letzte Ehre zu erweisen, erst ein Torwart, dann ein Abwehrspieler, zuletzt ein paar Stürmer.

Nun lag Schneetrickchen eine lange Zeit in dem Sarg und verweste nicht, sondern sah aus, als wenn er schliefe, denn er war noch so weiß wie Schnee, so königsblau wie – ja – der Himmel nur und so schwarz wie die Kohle im Revier. Es geschah aber, dass ein junges Mitglied des neu gewählten Schalker Aufsichtsrates auf Einladung eines großen Sponsors im weiten Russland unterwegs war und bei den königsblauen Knappen vorbeischaute, weil er von ihrem Fanklub gehört hatte. Er sah auf dem Berg den Sarg mit Schneetrickchen darin und las, was dort mit goldenen Buchstaben geschrieben stand. Da sprach er zu den Knappen: „Übergebt mir den Sarg, ich will Schneetrickchen nach Hause bringen und euch dafür geben, was ihr wollt." Aber die Knappen antworteten: „Wir geben ihn nicht her, nicht für alles Gold dieser Welt." Da sprach er: „Dann schenkt ihn mir, denn ich kann nicht mehr ruhig schlafen mit dem Gedanken, dass Schneetrickchen, so fernab der Heimat liegt. Er ist auf Kohle geboren und soll auch wieder auf Kohle zur Ruhe kommen. Ich will ihn achten und für einen Ehrenplatz im Schalke-Museum sorgen, wie er es verdient."

Wie er so sprach, fanden die Knappen mit der Zeit Gefallen an seinem Vorschlag und gaben ihm den Sarg. Der junge Aufsichtsrat fuhr ihn mit seinem Wagen fort. Da geschah es, dass sie auf den mit Schlaglöchern übersäten Straßen dermaßen durchgeschüttelt wurden, dass schließlich das giftige Stück Apfel, das Schneetrickchen abgebissen hatte, in hohem Bogen aus seinem Hals flog. Kurz darauf öffnete er die Augen, hob den Deckel vom Sarg in die Höhe, richtete sich auf und war wieder lebendig. „Mein Gott, wo bin ich?“, rief er. Der Aufsichtsrat erschrak zunächst sehr, sagte aber dann voller Freude: „Du bist bei mir, ich hol dich wieder zurück nach Hause“, und erzählte, was sich zugetragen hatte, und sprach: „Ich bin so froh, dass ich dich gefunden hab. Komm wieder auf Schalke, und wir werden eine junge Mannschaft um dich herum aufbauen.“ Der Gedanke gefiel Schneetrickchen, außerdem mochte er irgendwie den jungen Funktionär und so ging er mit ihm, und seine Rückkehr wurde bei der offiziellen Saisoneröffnung mit viel Brimborium zelebriert, mit einer großen Pressekonferenz und allem, was dazu gehört.

Bei diesem Anlass war natürlich auch der fiese Manager zugegen. Er hatte sich extra in seinen besten Anzug geschmissen, und so trat er ein weiteres Mal vor seinen Spiegel und sprach:

„Spieglein, Spieglein an der Wand,
wer ist der Beste im ganzen Land?“

Der Spiegel antwortete:

„Werter Herr Manager,
Ihr seid der Beste hier;
aber der neue Schalker Kapitän
ist noch tausendmal besser als Ihr."

Da fing der böse Kerl laut an zu fluchen, und Panik stieg in ihm auf, und vor lauter Wut wusste er nicht, was er tun sollte. Auf keinen Fall hatte er noch Lust, zur Saisoneröffnung zu gehen, doch ließ es ihm einfach keine Ruhe, er musste los, um den neuen Kapitän zu sehen. Und wie er auf dem Vereinsgelände ankam, erkannte er Schneetrickchen sofort, und wie vom Donner gerührt stand er da, unfähig, sich mit seiner geschliffenen Rhetorik herauszureden. Aber da wurde ihm auch schon sein Koffer vor die Tür gestellt, und mit Schimpf und Schande jagte man ihn vom Berger Feld, weiter und immer weiter, bis in die ferne bajuwarische Wildnis, wo er letzten Endes von einem unberechenbaren Problem-Bären in der Luft zerrissen wurde.